高校人才培养和劳动力市场需求对接研究

GAOXIAO RENCAI PEIYANG HE
LAODONGLI SHICHANG XUQIU
DUIJIE YANJIU

杨曦 ◎ 著

首都经济贸易大学出版社
Capital University of Economics and Business Press
·北 京·

图书在版编目（CIP）数据

高校人才培养和劳动力市场需求对接研究/杨曦著 .
--北京:首都经济贸易大学出版社，2021. 2
ISBN 978 -7 -5638 -3205 -7

Ⅰ. ①高… Ⅱ. ①杨… Ⅲ. ①高等学校—人才培养—研究—中国 ②劳动力市场—研究—中国 Ⅳ. ①G649. 2 ②F249. 212

中国版本图书馆 CIP 数据核字（2021）第 041824 号

高校人才培养和劳动力市场需求对接研究
杨 曦 著

责任编辑 杨丹璇 彭 芳
封面设计 砚祥志远 · 激光照排 TEL: 010-65976003
出版发行 首都经济贸易大学出版社
地　　址 北京市朝阳区红庙（邮编 100026）
电　　话（010）65976483 65065761 65071505（传真）
网　　址 http://www. sjmcb. com
E - mail publish@ cueb. edu. cn
经　　销 全国新华书店
照　　排 北京砚祥志远激光照排技术有限公司
印　　刷 人民日报印刷厂
成品尺寸 170 毫米 ×240 毫米 1/16
字　　数 194 千字
印　　张 10. 5
版　　次 2021 年 2 月第 1 版 2021 年 2 月第 1 次印刷
书　　号 ISBN 978 -7 -5638 -3205 -7
定　　价 43. 00 元

前　言

就业是民生之本，大学生就业问题影响着个人教育投资回报的实现，牵扯到大学生家庭根本利益的保障，也直接影响着国家的经济繁荣和社会稳定。我国自 20 世纪末开始实行高等教育扩招政策，从 1998 年至 2018 年，本专科生和研究生招生规模年均增长率分别为 10.5% 和 12.6%，普通高校毕业生总数从 1998 年的 88 万人连年攀升至 2019 年的 915 万人。大学毕业生供给短时间内的迅猛增长使得大学毕业生的就业问题逐渐凸显，大学毕业生就业变得困难，也导致了隐性的“向下就业”现象。高校人才培养对大学生个人行为的影响非常深刻，但在研究大学生就业问题的时候仅仅把高校人才培养这一因素作为外生化变量是不够合理的。实际上，大学生劳动力的市场需求受到经济发展、产业结构、大学生劳动力自身特点等诸多因素的影响，有着其特殊性，如果忽视了这些因素的重要影响，对大学生就业问题的认识也很可能是局部的和片面的。

基于此认识，本书试图在理论上借鉴古典经济学中的供求分析系统，将高校置于这一供求系统框架内，将大学生就业问题在理论上归纳为“高校人才培养和劳动力市场需求对接”问题，研究大学生就业的相关问题。在理论探讨过程中，本书分析了高校人才培养和劳动力市场需求这一特殊的供求系统的特点，分析了供求“对接”的运行机制，并借用劳动经济学中的均衡和非均衡以及“自然失业率”的概念，阐述了这一系统运行的结果。同时，将大学毕业生失业问题这一“显性”供求失衡问题和大学生进入工作岗位后的“高等教育与职业的不匹配”这一“隐性”供求失衡问题置于同一个研究框架内，将对这一问题的研究拓展到一个更加全面的范畴。

除此之外，本书试图从历史的视角揭示高校人才培养和劳动力市场需求之间关系的本质规律，揭示两者之间的关系随着社会的发展以及相应的职业意识、社会发展理念等因素的变化而变化。

本书借鉴国内外相关研究，利用相关统计数据分析后，认为我国高等教育规模的扩张使得大学生劳动力短期内供大于求，但这不是造成大学毕业生失业问题的根本性原因。我国低就业的经济增长模式、制造业的转型和升级过慢、第三产业发展严重滞后、行业垄断较为严重、民营中小企业的发展受到限制等原因共同导致了市场对大学生劳动力的有效需求不足，高校人才培养的层次结构、学科专业结构、能力素质结构与劳动力市场需求之间的失衡是造成大学毕业生失业的根本性原因。此外，我国大学生职业价值观的一些特点加剧了大学毕业生失业现象。

本书借鉴国外对“过度教育”和“教育不足”的测量方法对我国高等教育和职业的匹配情况进行了实证研究，以北京地区的调研数据为例，在调研过程中不仅涉及工作与就业期望的匹配、工作与学历的匹配、收入与教育投入的匹配，同时还涉及学历教育中的知识、技能、能力与工作的匹配。调研结果显示，进入工作岗位的大学毕业生的高等教育同职业的不匹配已经不是个别现象。一方面，相当大比重的调研对象反映工作没有满足就业期望、学历高于工作所需、收入低于高等教育投资的成本。另一方面，更多的调研对象反映，在技能和能力方面，高等教育没有很好地满足他们的工作需要。这一现象的原因在于，一方面，高等教育规模的迅速增长以及人才培养“同质化”弱化了教育信号。另一方面，人才市场信息机制不健全误导了人们的教育投资，市场需求信号不明确导致了高校对大学生能力的培养欠缺。

目录
CONTENTS

1 绪 论

1.1 研究背景和意义

1.1.1 研究背景

在我国过去的很长一段时间，大学生一直被视为社会的精英而受到人们的尊敬和称羡。一旦获得了大学生的身份，便几乎同好工作、可观的收入、舒适的工作环境以及较高的社会声望画上了等号。对于许多人来说，迈入大学校门标志着从此进入了人生的新境界，因此成为其奋斗的重要目标。但是，随着20世纪末我国高等教育规模的扩大，高中毕业进入大学学习的人数剧增，使得这一情况发生了改变。

我国高校的大规模扩招始于1999年，在此前的1998年，我国本专科生招生规模为108万人，研究生招生规模为8万人，而到了2018年，本专科生招生规模达到791万人，研究生招生规模则达到86万人，从1998年至2018年，本专科生招生规模年均增长率为10.5%，其中增长最快的一年达到了48.1%，研究生招生规模则以年均12.6%的速度增长，其中最高的数字达44.4%①。

与此同时，随着我国高等教育规模的迅猛发展，高校毕业生就业问题逐渐开始呈现出来。一方面，来自教育部和国家统计局的数据显示，我国普通高校毕业生总数②从1998年的88万人连年攀升至2019年的915万人。另一方面，我国高校毕业生初次就业率直到2012年一直徘徊在75%左右。我们用各年度高校毕业生初次就业率和毕业生总数的数据大致计算出毕业生的待就业人数，结果是，在每年7月，我国有数百万大学生在毕业时不能当期就业，似乎表明高校毕业生的就业形势是比较严峻的。

另一方面，大量的社会新闻报道显示，大学毕业生的就业质量出现了明

① 根据1998—2012年全国教育事业发展统计公报数据整理。

② 在这里，高校毕业生总数 = 研究生毕业生数 + 普通高等学校本专科毕业生数。

显的下滑，“大学生与农民工同工同酬”的说法[①]比比皆是。有些学者的研究指出，我国高校毕业生失业现象、大学毕业生“向下就业”（under - employment）现象以及高等教育投资收益率不断降低的现象，都说明“过度教育”[②]现象在我国是明显存在的。与此同时，许多已经进入工作岗位的大学毕业生，受到了来自社会和用人单位关于他们素质、能力等方面的质疑和负面的评价。这一切似乎给社会传递着这样一些信息：一是的确存在大学生就业难的问题；二是高等教育投资存在巨大的风险，个人或家庭要慎重对待；三是大学生的素质能力并不如想象中那么好。

人力资本理论表明，人力资本的投资回报率远高于物质资本的投资回报率，而接受教育是一种重要的人力资本投资方式。与此同时，教育投资对一国经济增长有巨大的推动作用。作为教育体系中的重要组成部分，高等教育是高素质人才培养的主要方式，也是重要的人力资本投资途径。但是，高等教育投资回报的实现必须建立在接受高等教育者能够找到与其受教育水平相当的工作岗位的前提条件下。当人们通过接受高等教育进行人力资本投资，所形成的人力资本与劳动力市场的需求不相匹配的时候，投资将得不到预期的收益，投资教育就是不划算的。对于大学生个人和家庭而言，高等教育的花费并不算少，大学生毕业后找不到工作，或者找到的工作不能充分发挥自己的才能，会大大地打击其对人力资本投资的积极性，同时对个人和家庭来说也是巨大的人力资本损失。对国家而言，花费大量人力财力培养出来的大学毕业生失业或被安排在不适当的工作岗位上，是巨大的资源浪费。除此之外，大学生失业现象还会对社会稳定造成不利的影响。

不管是数量上还是结构上的失衡和错位，都属于劳动力市场供需失衡，都涉及大学生劳动力的供给和需求两方面因素。供求双方在数量、结构、规格等方面发生着互动和对接的关系，其中，高校作为大学生劳动力的“供给”一方，是受高等教育的劳动者的主要生产者，而对于以高校毕业生为代表的知识型人才的劳动力需求，又有着不同于对一般劳动力需求的特点，高校培养出来的毕业生在一定的配置机制下同劳动力市场需求实现数量、结构、规格的匹配和对接，才能使大学毕业生劳动力同生产资料相结合，进而转化为生产力不断推动经济的发展。可以说，教育和劳动力市场需求之间的关系在

---

① 人保部：大学生有可能与农民工同工同酬。国家人力资源和社会保障部部长尹蔚民表示，2009年在金融危机的影响下，很多企业经营困难，所以大学生的就业难度比过去要更大，在这种情况下大学生的就业价值取向也有一些变化，会寻求一些工资比较低的岗位，如果从这个意义上来说，企业的工资不是以身份来论的，主要是以岗位来论，同一个岗位是同工同酬的，所以在这种情况下，有可能会出现大学生与农民工同工同酬这种情况。http：//www. infzm. com/content/34440。

② “过度教育”的概念及详细的阐释详见第二章具体的论述。

一定程度上便代表了教育和经济之间的关系，劳动力供求双方在数量和质量方面的相互匹配是形成生产力进而推动经济发展的基础。因此，研究大学毕业生劳动力市场的匹配和对接问题具有非常大的意义。

1.1.2 研究意义

1.1.2.1 理论意义

人力资本理论认为，同物质资本投资相似，人力资本投资也具有一定的风险性，投资回报率可高可低，甚至为零。实践证明，那些能够对经济、社会的发展变化有较强预见性，能够对人力资本投资决策进行迅速调整的人，往往能够获得较高的人力资本投资收益。要让接受高等教育这种人力资本投资获得较高的回报，就必须使高校人才培养同劳动力市场需求保持协调一致，这种协调一致主要表现为高校人才培养的规模、结构、规格与劳动力市场需求的协调一致，这是实现大学毕业生劳动力同生产资料有效结合的根本方式。因此，研究高校人才培养与劳动力市场需求的对接有利于丰富人力资本理论。

与此同时，高等教育同政治、经济、文化的关系是高等教育外部理论所研究的主要内容，目前的研究成果中虽然涉及高等教育与劳动力市场的关系，但是对它们之间关系的研究不够系统和深入。本书研究我国高等教育与劳动力市场需求之间存在的矛盾以及矛盾产生的原因，有助于明确高校人才培养和劳动力市场需求对接的主要影响因素，有利于丰富高等教育的外部关系规律理论。

1.1.2.2 现实意义

20世纪末我国高等教育的扩招使得我国的高等教育进入了大众化发展阶段，大学毕业生就业不再按计划分配，而是逐渐以买方市场为主导。目前来看，用人单位希望高校人才培养在层次、结构、规格方面更加贴近劳动力市场需求；高校为了提高毕业生的就业率，也越来越关注市场需求的变化，不断推进人才培养模式的改革和创新，力求提高大学生的综合素质和就业能力，以解决与劳动力市场需求的衔接问题；高校毕业生则希望能够找到一份满意的工作，在工作中充分施展自己的才能。

但是，目前我国的现实状况是，很多大学毕业生正陷入一种尴尬的境地，大学毕业生失业现象以及高等教育同职业的不匹配现象似乎比较严重。如果这些问题不能得到及时的解决，一方面，对大学生个人和家庭而言将是巨大的人力资本损失，对国家而言则是巨大的资源浪费；另一方面，大量的大学毕业生失业很可能造成一些社会问题，影响我国构建和谐社会目标的实现。因此，探讨我国高校人才培养与劳动力市场需求之间的矛盾及其原因并提供一些政策建议，在促进我国高等教育健康发展、缓解毕业生就业困难、维护社会和谐稳定等方面，具有非常重要的现实意义。

1.2　研究现状及综述

随着20世纪末我国高等教育规模的扩大，大学生就业问题逐渐凸显，很多学者开始涉足大学生就业相关议题研究，主要代表人物有赖德胜、曾湘泉、杨河清、姚裕群、姚先国等，这些学者的研究比较多地集中在大学毕业生就业难的现实调查以及原因分析上。近年来，北京大学和北京师范大学等高等院校的一大批学者则更多地聚焦在高等教育和劳动力市场关系研究方面，成果显著，主要的代表人物有赖德胜、岳昌君、丁小浩、陈雪梅、谢维和、祠维方等。从现有的研究文献来看，凡是研究大学生就业问题、高等教育和劳动力市场关系方面的论著都与本书的研究内容相关。

国外对高校人才培养和劳动力市场需求对接问题的研究开始得比我国早很多，关于高等教育与就业的关系、过度教育问题的研究等成为其研究的重点，不少论著对本书有很强的借鉴价值。

1.2.1　国内研究现状综述

1.2.1.1　针对大学生就业问题的研究

高校人才培养和劳动力市场需求在数量、结构和规格上的匹配情况会在大学生就业状况中直观地反映出来，大学生就业状况的好坏是评价高校人才培养和劳动力市场需求匹配程度最直接的尺度。目前学界针对大学生就业的研究主要有以下几个视角：

（1）对于是否存在大学生就业难问题的争论

学界对于我国到底存不存在大学生就业难问题有着不同的观点，大体分为三种，即“不存在就业难问题”“存在就业难问题”“不构成特定问题”。

第一种观点认为，我国不存在大学生就业难问题，大学生不能顺利就业更多的是因为他们的就业观念存在问题，对于工作地点、工作岗位、收入等过于挑剔，而我国的高等教育发展规模也没有问题。胡瑞文（2004）对我国的人力资源开发现状进行了全面的分析，认为尽管目前我国高等教育出现了很多问题，但是应当继续适度超前发展①。冯泽永（2004）也认为，我国的高等教育发展规模还要继续保持，当前的大学生数量还不够②。

① 胡瑞文．高等教育应坚持适度超前和可持续发展［J］．中国高等教育，2004（13）：57.

② 冯泽永．大学生就业难的原因及其对高等教育的启示［J］．医学教育探索，2004（4）：9－12.

第二种观点认为，我国存在大学生就业难问题，这是比较普遍的观点。王效仿（2004）认为，同我国的经济发展水平相比，当下的高等教育规模过大造成了大学生就业困难，应当放缓高等教育的发展速度，缓解供求压力[①]。汪丁丁（2006）也认为，高等教育规模的扩大使得高校毕业生数量成倍增长，对劳动力市场的冲击很大[②]。郑功成（2006）表示，在“十一五”期间，大学生的就业形式更加严峻，大学生群体已经成为我国的就业困难群体[③]。阂维方（2009）指出，我国高校毕业生在高等教育迅速扩张的背景下，供给数量急速增加，从而引发高校毕业生劳动力市场的一系列问题，反过来也对高等教育产生了影响。杨东平（2006）认为，大学生就业难问题随着高等教育规模的扩大而产生，是可以预见的[④]。潘懋元等（2004）运用西方国家测量过度教育的三种方法，认为“过度教育”现在已经发生在我国的高等教育中[⑤]。马廷奇（2013）则认为，判断大学生是否存在就业难问题有两个关键的指标：一是大学生的失业率是否超出了社会所能承受的水平，以及是否对人们接受高等教育的积极性产生了影响；二是是否存在大规模的结构性失业。而从现有数据来看，在这两个指标上，我国存在大学生就业难问题[⑥]。此外，政府对于大学生就业问题早已进行过判断，在 2002 年的国务院办公厅发布的文件中已经有“一些地方高校毕业生就业出现困难”的判断[⑦]。

第三种观点认为，我国大学生就业问题不是一个“特殊问题”，而是国家劳动力就业的一般性问题，解决知识型劳动力市场的“结构性”问题是破解大学生就业问题的实质。李彬（2009）认为，我国大学生就业问题不是因为“扩招”才有的，它在扩招之前就已经存在；扩招不是就业难的直接原因，即使不扩招也同样存在同龄人口的就业问题[⑧]。张车伟（2009）认为，接受大学教育是人生发展的必然阶段，从长远的角度来看，大学生就业问题无须多虑。蔡昉（2013）则指出，不论从扩招前还是从扩招后的数据来看，计量经济学的研究结果都表明高等教育比低层次教育的投资回报率更高，评判我国高等教育是否过度还需要进行其他方面的考量[⑨]。

---

① 王效仿．大学生就业难问题应急性对策探讨［J］．理工高教研究，2004（12）：13－15.

② 汪丁丁．教育、人力资本和大学生失业［J］．财经，2006（8）：110－111.

③ 郑功成．大学生就业难于政府的政策导向［J］．中国劳动，2006（4）：10－14.

④ 杨东平．高教的问题不仅仅在于扩招［J］．中国新闻周刊，2006（6）：85.

⑤ 潘懋元，吴玫．从高等教育结构看大学生就业问题［J］．中国大学生就业，2004（6）：13－16.

⑥ 马廷奇．人才培养模式、劳动力市场与大学生就业［J］．高等教育研究，2013（3）：34－37.

⑦ 国务院办公厅转发教育部、公安部、人事部、劳动保障部四部委文件《关于进一步深化普通高等学校毕业生就业制度改革有关问题的意见》，2002。

⑧ 李彬．中国产业结构转换与大学生就业关联性研究［J］．中国人口科学，2009（2）：34－43.

⑨ 蔡昉．破除大学毕业生就业难的误读［J］．行政管理改革，2013（10）：13－17.

（2）对于大学生就业难问题性质的争论

在对大学生就业难问题的研究上，从供求矛盾角度出发的最多，也是争议比较大的部分，总体来说，将大学生就业难问题的现状和原因概括为总量性矛盾、结构性矛盾、总量性与结构性矛盾并存三种情况。

第一种观点认为，总量上供大于求是造成当前我国大学生就业难问题的根本原因，即高等教育规模过大，大学毕业生数量过多，超过社会的实际需求。但是，在分析总量性矛盾的成因时，一些学者认为高等教育规模的扩张是主要原因，另一些学者则认为经济的需求方面是主要原因。杨科正（2004）指出，高校近年来存在高等教育过度发展的情况，高校办学条件与我国经济社会发展的人才需求不相适应①。王效仿（2004）认为，与经济发展水平和劳动力市场需求相比，我国的高等教育规模过大，这是造成大学生就业难问题的根源。对此，应该放缓高等教育的扩张速度，使供需矛盾得以缓解②。李家才（2001）则认为，我国的工业化和现代化进程远没有结束，农村劳动力有待进一步转移，加之国有企业人事体制尚未理顺，“人浮于事”现象严重，对大学生劳动力的需求规模和层次远没有预想的那么惊人③。郎咸平（2009）指出，目前我国企业大部分从事的是初级产品加工制造，处于产业链的低端位置，而在产业链高端位置的各环节发言权很小，导致那些吸纳大学生劳动力能力最强的企业和工作岗位没有发挥其应有的吸纳劳动力的作用，导致大学生失业现象。孙之光（2012）则认为，近年来世界经济的下滑导致了就业岗位的直接减少，世界经济的不景气影响了我国各个行业。从东部沿海延伸到内陆，许多中小企业纷纷破产，受大学生青睐的外贸行业、金融业、制造业、物流业受到经济不景气的影响更为严重，不得不裁员，也造成了毕业生就业岗位的锐减④。

第二种观点认为，并不是总量上的矛盾造成了我国当前的大学生就业难问题，结构性矛盾才是大学生就业难的根本矛盾。文东茅（2000）认为，大学毕业生规模的扩大并不会导致其失业率的上升。他指出，在21世纪初毕业生数量并不存在总量性矛盾，基本上是供求平衡的，问题出在结构性的矛盾上。莫荣（2004）认为，结构性矛盾是大学生就业问题的主要矛盾，专业调整的滞后性则是导致大学生就业难的直接原因⑤。王霆等（2009）也认为结

① 杨科正. 高等教育大众化与大学生就业困难［J］. 理工高教研究，2004（1）：85－86.
② 王效仿. 大学生就业难问题应急性对策探讨［J］. 理工高教研究，2004（6）：13－15.
③ 李家才. 高等教育过度化的根源与警示［J］. 开放教育研究，2001（1）：10－12.
④ 孙之光. 浅析我国大学生就业现状及解决措施［J］. 长春理工大学学报，2012（12）：123－124.
⑤ 莫荣. 2003—2004年中国就业报告［M］. 北京：中国劳动社会保障出版社，2004.

构性矛盾是当前高校毕业生就业的核心问题。他指出，结构性矛盾产生的主要原因是大学毕业生的就业能力缺口：一方面，用人单位作为大学生劳动力的需求方，普遍缺乏对岗位技能需求的调研，人才市场需求信号不够清晰，传递渠道不畅通，劳动力市场上对人才需求的技能标准不明确，造成了高校在人才培养过程中教材陈旧、知识陈旧，闭门造车现象严重，对学生就业能力没有针对性地培养，导致人才培养的目标和用人单位实际需求相差很大；另一方面，高校受到体制因素的影响，在学科专业设置、教学方式等方面还很难体现“以大学生就业能力提升为导向”的指导思想，缺乏对市场实际需求的考虑，一味开设当前的热门专业，而在学生培养过程中重知识轻技能，造成大学毕业生在人际交往能力、组织协调能力、团队合作意识、责任心、服从指令安排的意识等重要的就业能力方面同用人单位的需求有很大的距离①。李宁（2013）则把大学生结构性失业从理论上细分为六种形式，即层次性结构失业、专业性结构失业、素质性结构失业、观念性结构失业、区域性结构失业与经济性结构失业②。

第三种观点则认为，我国大学生就业难问题是总量性矛盾和结构性矛盾共同作用的结果。姚裕群（2008）认为，当前大学生就业难是总量性问题和结构性问题并存的就业问题。我国目前经济发展不够均衡是导致大学生失业的重要原因，与此同时，技术进步对大学生就业有挤出效应③。杨河清等（2009）认为，造成我国大学生就业难问题的原因一方面是大学毕业生总量过大，短期内无法消化，另一方面是供给和需求双方的结构匹配度不协调。他指出，在这两个“现象”式原因的背后隐藏了高等教育学生入学的高度计划性与就业的完全市场调节性的矛盾、高校人才培养质量与市场对大学毕业生质量要求的矛盾、劳动力市场分割引起的层次性及区域性矛盾等一系列问题④。

（3）高等教育对大学生就业难问题影响的研究

作为人才“供给方”的高校在大学生就业中的影响作用不言而喻，对此，学者们对高等教育的各个方面进行了研究，试图破解大学生就业难问题。

第一，在对我国高等教育扩招的评价上，学者们有两种不同的观点。

一种观点认为应该适度控制高等教育的发展，以免人才供过于求，造成

① 王霆，曾湘泉．高校毕业生结构性失业原因及对策研究［J］．教育与经济，2009（1）：1-4.

② 李宁．大学生结构性失业的六种形式［J］．管理工程师，2013（5）：42-44.

③ 姚裕群．我国大学生就业难问题演变与近期发展趋势［J］．人口学刊，2008（1）：10-14.

④ 杨河清，肖鹏燕．我国大学毕业生就业市场的总量与结构失衡［J］．中国人才，2009（11）：49-52.

人才浪费。李全生（1996）对高等教育的发展观进行了研究，他以我国高等教育的历史为研究起点，结合国家财力和高校办学基础，认为我国人口众多，高等教育发展历史不长，国家财力不足，基础不够牢靠，所以高等教育发展的规模不宜过大、过快①。对此，刘少雪（1998）持有相同的观点，她指出，在我国的劳动力市场仍然是劳动密集型的情况下，不应该盲目提升劳动力质量，而应该继续利用我国的人口优势。所以，我国不应该过分发展高等教育，而应当以发展基础教育为中心，否则会给社会带来就业压力和不稳定因素②。此外，岳昌君（2004）通过对我国高等教育进行测算，认为我国的高等教育不应再大规模扩招③。

另一种观点则认为，高等教育应该适度超前发展。潘懋元（1995）提出，高等教育应当满足国家的经济发展和社会对人才的需要，是国家的基础工程，必须适当超前发展。但是，高等教育也需要同基础教育和职业教育协同发展，保持平衡④。此后，他又指出，人才的培养与成长是有周期性的，必须领先于经济发展与社会发展速度，所以，应当适度超前发展高等教育规模，关键问题在于这个“度”如何把握。由于制约高等教育发展的因素众多，情况复杂，所以要做多因素的分析⑤。

2006 年以来，国家对高等教育的发展规模进行了严格的控制，表明政府已经认识到大学生就业难问题。至此，政府和学界在应当控制高等教育发展规模上已经基本达成共识。

第二，对于我国高等教育运行中的一些问题，学界也进行了一定的研究。

在高等教育体制的研究方面，学者们的观点基本上一致，认为在新时期高等教育的逻辑起点不应再是政府的行政计划，劳动力市场应当逐渐发挥起调节人才供求的基础性作用。陈乃林、胡凤英（1989）认为，我国目前正在经历由市场经济向商品经济转变的阶段，在大学毕业生分配的过程中应当减少政府指令性和计划性，建立以劳动力市场需求为导向的高校运行机制⑥。杨德广（1989）则认为，应当建立起新的运行机制，由国家对高校进行调控，高校实行自主办学，并以劳动力市场需求作为人才培养导向，开创我国高等

---

① 李全生．“适度发展高等教育”的几点思考［J］．中国高教研究，1996（1）：27－28.

② 刘少雪．不宜盲目扩大我国高等教育的规模［J］．高等教育研究，1998（1）：13－16.

③ 岳昌君．中国高等教育与劳动力市场研究综述［J］．2004 年中国教育经济学学术研讨会简报，2004（4）：2－3.

④ 潘懋元．中国高等教育面临的挑战：教育与社会进步中外学者研讨会上的报告［J］．辽宁高等教育研究，1995（4）：33－36.

⑤ 潘懋元．大众化阶段的精英教育［J］．高等教育研究，2003（6）：1－5.

⑥ 陈乃林，胡凤英．应当建立一个什么样的高等教育运行机制［J］．高等教育研究，1989（1）：32－36.

教育顺应经济体制转变的新局面[①]。刘宇舸（2003）认为，大学生就业难问题的根源在于政府垄断高等教育造成了市场失灵，高等教育的投资回报率没有到达均衡点以及高等教育质量下降[②]。汪丁丁（2006）也认为，政府的不当行为使得高等教育的市场机制存在“扭曲”[③]。占志勇（2012）则认为，高等教育运行机制由高校、社会管理层、社会协同层等子系统组成，分为内部机制和外部机制，高校的合理协调运行需要注重人才培养、科学研究、社会服务功能的协调发展[④]。

针对高校人才培养方面的研究，学者们观点也比较一致，普遍认为高校在学科专业的调整和大学生就业能力的培养方面存在缺陷。张宝蓉（2008）对台湾高校的学科专业进行了研究，他指出，台湾当局和经济学者首先将高级劳动力的就业形势反馈给高校，高校进而根据就业形势的变化和教育需求者的升学意向及时调整招生人数和学科专业设置，高校对劳动力市场变化的反应敏感程度比大陆高很多[⑤]。李爱国（2013）则对比了中美高校学科专业设置和调整的策略，他指出，我国将“专业”看作实体组织或者资源，每个“专业”背后都配备一定的教学资源，如经费、教室、实验室等，而美国则将“专业”看成一种柔性的课程组织，专业背后不存在与之相对应的各种实体，所以美国进行学科专业调整的时间相对较短[⑥]。

在大学生就业能力的培养方面，丁元竹（2003）认为，我国的高等教育“重知识轻能力”是造成大学生就业难的一个重要原因[⑦]。周大平（2004）认为，我国许多高校培养的学生具有太强的“同质性”，专业的开设在各高校没有太大区别，教学内容则大同小异[⑧]。俞毅（2004）也认为，高等教育的无差别性造成了大学毕业生竞争力的减弱，加之供给数量的猛增，更容易造成结构性矛盾[⑨]。黄敬宝（2008）从人力资本理论的视角出发，认为影响大学生就业结果的决定性因素为大学生的就业能力。他通过对北京某高校进行调

---

① 杨德广．国家调控学校—学校自主办学—市场引导培养：试论建立高等教育新的运行机制［J］．江苏高教，1989（3）：25－28.

② 刘宇舸．高校毕业生就业难的经济学分析［J］．现代经济探讨，2003（6）：33－36.

③ 汪丁丁．教育、人力资本和大学生失业［J］．财经，2006（8）：110－111.

④ 占志勇．系统论视域下高等教育运行机制之创新［J］．学术交流，2012（8）：36－42.

⑤ 张宝蓉．高等教育规模扩张中两岸高校专业设置与调整之比较［J］．台湾研究集刊，2008（2）：45－54.

⑥ 李爱国．从中美差异探讨新时期高校专业设置与调整策略［J］．中国电力教育，2013（10）：30－31.

⑦ 丁元竹．十大因素正在影响中国近中期的发展［J］．瞭望，2003（7）：15.

⑧ 周大平．失去特色的大学［J］．瞭望，2004（15）：45.

⑨ 俞毅．论大学毕业生就业中的现实困顿与未来出路［J］．浙江统计，2004（9）：34.

查和实证分析得出了这样的结论：近年来我国高等教育的扩张导致了大学生就业能力的降低，从而导致了失业率的上升；学科专业、学历层次等对就业能力的高低有着显著的影响①。刘刚（2007）认为，高校专业设置和人才培养质量与劳动力市场需求之间的错位是造成大学生就业困难的主要原因，他提出应当加强高校同企业的合作，理论同实践相结合②。王静波等（2011）认为，大学生就业能力由人际能力、个人品性、职业发展能力、通用技能、处理工作能力等五个维度构成，我国高等教育长期忽视对大学生就业能力的培养，导致大学毕业生整体就业能力水平偏低；担任学生干部是提高就业能力最有效的途径③。金宏伟等（2013）等对地方高校大学生就业能力的结构和现状进行了研究，认为大学生最缺乏的能力是人际沟通能力、职业责任感以及实际解决问题的能力④。

在高校就业指导的研究方面，学者们普遍认为高校的就业指导环节比较欠缺。王保义（2004）认为，目前我国高校的就业指导工作重初次就业率和就业程序方面的咨询服务，忽视了对于大学生职业生涯规划的指导和对劳动力市场需求的预测，忽视了大学毕业生的个体差异⑤。沈曦（2004）认为，高校在大学生职业生涯规划方面提供的服务几乎为空白，没有形成专业化的教师队伍，也缺乏进行职业生涯规划的理论研究⑥。周斌等（2012）认为，我国高校就业指导课程的作用发挥不明显。就业指导课程普遍安排在大四进行，此时学生正处在寻找工作的阶段，对其进行职业生涯规划、创业教育以及职业价值观教育等很难达到效果，所以，就业指导课应从学生进入大学起就开始⑦。马宁（2013）则认为，高校在就业指导的过程中缺乏对学生个体的微观具体指导，难以顾及学生的个性特征，且不能根据学生的实际情况进行有针对性的职业规划教育，导致毕业生对自身的情况及对自己未来的职业缺乏了解⑧。

---

① 黄敬宝．就业能力与大学生就业：人力资本理论的视角［M］．北京：经济管理出版社，2008：110－111.

② 刘刚．浅谈企业人才需求与高等教育的对接［J］．中国物业管理，2007（1）：44－45.

③ 王静波，王翡翡．雇主视角下大学生就业能力状况探析［J］．现代大学教育，2011（4）：87－91.

④ 金宏伟，李常香，杜才平．论大学生就业能力的结构及与社会需求的差异［J］．黑龙江高教研究，2013（4）：98－100.

⑤ 王保义．中美大学生就业指导模式比较研究［J］．现代教育科学，2004（1）：36－39.

⑥ 沈曦．大学生职业生涯设计指导的探讨［J］．浙江工商大学学报，2004（5）：93－96.

⑦ 周斌，海路，方姝．构建大学生就业指导课程体系［J］．西安建筑科技大学学报，2012（6）：97－99.

⑧ 马宁．大学生就业现状多维剖析及就业指导长效机制构建探析［J］．就业指导，2013（16）：40－42.

（4）关于大学生个人因素对就业影响的研究

在这一方面，学者们也有着不同的见解。有一种观点认为，大学生的职业价值观等方面的问题造成了大学生就业难。李晓波（2004）认为，随着我国高等教育从精英化向大众化转变，高等教育模式和就业模式已经发生了很大的改变，人才市场已经趋向于买方市场，但是大学生的就业观念没有随之改变，造成了就业困难。王树田等（2011）认为，在高等教育大众化背景下，大学生“重待遇、重机遇、重财富”的意识较强，个人功利主义色彩浓厚，吃苦创业精神不足①。周素琴（2013）则认为，当前不少大学生的职业价值观不尽人意，甚至出现职业价值观扭曲的现象，相当大比重的大学毕业生一味追求工资高、待遇好、环境美、风险小、工作体面、专业对口的工作②。

此外，也有学者从劳动力市场分割视角来研究大学生就业问题，指出我国劳动力市场的分割性导致大学生就业困难，这是大学生的理性选择，而不能简单概括为职业价值观的问题。赖德胜（2001）认为，大学生就业难问题和他们的搜寻行为有着非常密切的关系，假设城镇和农村是大学毕业生面临的两个劳动力市场，那么，大学生去农村就业相对来说很容易，不会遭遇很大的阻力且替代性较小。但是，城乡收入差距和过高的工作转换成本使得大学生宁可在城市里继续寻找工作，也不愿意去农村就业。所以，分割的劳动力市场是造成大学生就业难的主要原因③。他在 2013 年发表的另一篇文章中指出，在大城市和“铁饭碗”工作给大学毕业生带来更大收益的情况下，他们把这些地方和单位作为首选是无可厚非的④。王保义（2010）则认为，我国在城乡之间、不同性质的单位之间的较明显的收入差异导致了大学生择业中的“羊群效应”⑤。

还有一种观点认为，大学生的预期收入同现实之间的差距增强了就业困难的程度。中国人民大学的调查结论显示，大学毕业生的就业收入预期偏高，与用人单位能够提供的报酬之间存在较大的差异，这种偏高的预期主要集中在名校的毕业生身上。与此同时，在理学、法学等少数专业的毕业生里，有明确的职业发展目标和创业想法的人更多。孙海、林玲（2011）通过实证研

① 王树田，赵欢春．高等教育大众化视阈下大学生职业价值观的调适［J］．党建与思想教育，2011（6）：1－3．

② 周素琴．大学生职业价值观教育的必要性与途径［J］．教育评论，2013（4）：78－80．

③ 赖德胜．劳动力市场分割与大学毕业生失业［J］．北京师范大学学报（人文社会科学版），2001（4）：69－76．

④ 赖德胜．大学生就业难在何处［J］．求是，2013（20）：52－54．

⑤ 王保义．宏观经济政策视角下的大学生就业难问题研究［J］．教育探索，2010（10）：131－134．

究发现，大学毕业生所期待的月薪水平对就业的影响是最大的，即对收入的期望越高，毕业生越不容易实现就业。

有些学者则不同意大学生就业期望过高的说法。文书峰（2004）认为，大学生的就业期望不是简单的升高和降低的问题，而是一个从一元到多元的问题。张车伟（2009）则认为，大学生的就业期望不是一个简单的问题，大学生个体在就业期望上的差异很大，比如名校毕业生的就业期望总是高于普通高校的。所以，不能笼统地说是大学生就业期望偏高。

1.2.1.2　关于高等教育与劳动力市场关系的研究

我国大学生的就业问题随着20世纪末高等教育的大规模扩张而凸显，不少学者开始研究高等教育与劳动力市场的关系。概括起来，可以将研究成果分为以下几个方面：

首先，有学者对两者关系的实质进行了分析。马廷奇（2013）认为，高等教育的首要职能是满足劳动力市场对高层次专业人才的需求。高等教育作为大学生就业前的准备性教育，不可能封闭于“象牙塔”之内进行①。闵维方等（2012）则认为，高新技术产业发展的前提条件就是高等教育制度创新和办学实力的突破，没有学术领军人物和拔尖创新人才，一定发展不出高新技术产业②。谢维和（2004）认为，高等教育和劳动力市场之间存在“对口”和“适应”两种关系。“对口”关系强调高等教育要以工作岗位需求为导向，着力提高大学生的就业能力和实际的工作操作水平，使大学毕业生对工作岗位的要求有透彻的了解，以便很快进入工作角色，满足实际工作的需要。“适应”关系强调高校人才培养和劳动力市场之间是一种宽口径的对接机制，高校并不是按照岗位需求定向培养人才的，而是培养符合整个社会和劳动力市场需要的通用型人才，高校为学生提供完整的知识结构和广阔的视野，增强学生的就业适应能力，拓宽选择面，以应对不断变化的劳动力市场需求。他在文中特别指出，在计划经济时期应该强调“对口”关系，而在市场经济时期，除了高等职业学校以外，普通高校应该强调“适应”关系③。也有学者对国外高校和劳动力市场之间关系的紧密程度进行了研究。比如，蒋凯（2004）研究了美国的高等教育同劳动力市场之间的关系。他指出，美国的高等教育并不是完全随劳动力市场需求的变化而变化的，两者之间存在一定的

---

① 马廷奇．人才培养模式、劳动力市场与大学生就业［J］．高等教育研究，2013（3）：34－37.

② 闵维方，蒋承．产业与人力资源结构双调整背景下的大学生就业：一个历史和比较的视角［J］．北京大学教育评论，2012（1）：2－12.

③ 谢维和．对口与适应：高校人才培养与劳动力市场关系的两种模式［J］．北京大学教育评论，2004（4）：9.

张力。高等教育具有自身存在的独特意义，所以，高等教育与劳动力市场之间的这种张力既保持了高校创造和传播知识的功能特性，又能保证其同劳动力市场需求的适应，是更加合理的①。

其次，有学者建立了高等教育与劳动力市场需求互动模型。比如，胡国华、阚国常（2008）用 HE - LM 互动模型来描述高等教育与劳动力市场之间的互动匹配关系，他们指出，高等教育的状态由人才培养规模、结构和教育理念等决定，劳动力市场需求的状态由劳动力市场需求总量、结构、运行机制等决定，实现两者的互动需要实现两者在总量、结构等方面的对接②。

最后，有学者对我国高等教育与经济发展以及产业结构的关系进行了研究。赖德胜等（2011）指出，劳动力需求作为产品需求的派生需求，其结构与一国的经济结构紧密相关，这包括经济的产业结构、区域结构以及微观层面上的规模所有制结构③。张棣（2002）利用关联分析法，发现不同的学科专业同经济发展有着不一样的密切程度。他认为，新兴学科的发展应该被我国更加重视，学科专业结构调整应该向其倾斜④。于维洋等（2004）认为，我国人才培养强调专业知识的传授，注重规范性和研究性，但同产业变化之间的协调性较差，我国高校学科专业没有实现不同产业的协调发展。高校专业设置存在覆盖面小、重复建设的情况，市场观念淡薄，人才培养结构同社会需求之间矛盾比较突出。文章主张大力发展与高新技术相关的学科专业，如信息科学、生命科学、新材料科学等学科，力求使高校学科专业结构与当地经济结构和产业结构保持一致⑤。岳昌君、丁小浩（2003）则对 20 世纪 90 年代我国经济增长对大学生劳动力的就业弹性进行了计算，得出的结论是：一方面，经济增长对大学生劳动力的吸纳作用不大；另一方面，第三产业对大学毕业生的就业吸纳作用最大，我国的产业结构调整步伐应该加快⑥。此外，他们在另一项研究中对影响高校毕业生就业的因素进行了分析，特别对高等教育的就业弹性和劳动力价格进行了分析。分析表明，在各个行业和地区之间高等教育的“密集程度”差异很大，而高等教育的就业弹性高于一般的就业弹性，劳动力价格的差异导致了受高等教育者在行业分布的不均匀。

---

① 蒋凯．劳动力市场视角的当代美国高等教育改革［D］．北京：北京大学，2004.

② 胡国华，阚国常．高等教育与劳动力市场之间的互动匹配关系［J］．科技与管理，2008（5）：32 -35.

③ 赖德胜，吴春芳，潘旭华．论中国劳动力需求结构的失衡与复衡［J］．山东社会科学，2011（3）：79 -83.

④ 张棣．高等教育专业结构与经济发展的相关分析［J］．学术论坛，2002（5）：35 -38.

⑤ 于维洋，张亚明．河北省高校专业结构与产业结构之间的关系［J］．河北科技师范学院学报，2004（1）：72 -73.

⑥ 岳昌君，丁小浩．受高等教育者就业的经济学分析［J］．高等教育研究，2003（6）：21 -27.

为此，国家应该大力扶持高等教育就业弹性大的行业发展，调整工资收入结构，鼓励高校毕业生到中西部就业，到生产领域就业①。张车伟（2009）认为，我国经济增长所创造出的生产性岗位不适合大学生就业，与此同时，经济增长的自主性和内生性不足加剧了大学生就业难②。李铮（2009）则认为，我国产业结构的布局不合理是造成大学生失业的主要原因③。王保义（2010）指出，我国中小企业发展不足，造成了大学毕业生的逆向性就业，而大学生的结构性失业主要是由于我国产业发展水平低④。

笔者认为，劳动力市场需求同经济发展、产业结构是密切相关的，不同产业和行业对于大学毕业生的吸纳能力差异非常大，研究分析产业结构、行业结构的状况对大学生就业的影响能够加深我们对高校人才培养同劳动力市场需求对接问题的理解，这一研究视角对本书起到了十分重要的借鉴作用。

1.2.2 国外研究现状综述

第二次世界大战以后，西方国家的高等教育发展迅速，使得大学毕业生规模大大超过劳动力市场需求，到20世纪70年代，许多国家先后出现了高等教育投资收益率下降、毕业生失业率提高、就业质量下降等现象，大学毕业生就业问题凸显。由此，国外开始研究高等教育与劳动力市场的关系，其中，针对大学毕业生就业的影响因素、不同类型大学生的就业状况和过度教育的研究成为研究的重点。

1.2.2.1 关于大学毕业生就业状况的影响因素的研究

在许多国家相继出现大学毕业生失业率升高的情况下，关于大学毕业生就业状况影响因素的研究成为国外学者们研究的焦点。

首先，关于高等教育的规模同大学生失业关系的研究成为国外学者的一大研究方向。希腊学者格利索斯（Glytsos，1990）认为，尽管希腊的高等教育远没有满足渴望上大学的人数，高校毕业生的数量也已经远远超过了劳动力市场的需求数量。从1984年到1995年，14万大学毕业生竞争7万份工作，大学毕业生数量是劳动力市场上岗位空缺数量的一倍。而到了1995年，不得不接受工资相对较低的“不合适”工作的毕业生高达15%，供求偏差最大的

① 岳昌君，丁小浩．影响高校毕业生就业的因素分析［J］．国家教育行政学院学报，2004（2）：32－36.

② 张车伟．解决大学生就业难需建立长效机制［J］．中国经贸导刊，2009（5）：6－7.

③ 李铮．当代大学生失业根源及解决措施探究［J］．科技信息，2009（2）：10.

④ 王保义．宏观经济政策视角下的大学生就业难问题研究［J］．教育探索，2010（10）：131－134.

两个学科为工科和自然科学[①]。此外，来自经济合作与发展组织（OECD）的数据表明，在1995年，加拿大、美国、意大利、西班牙18～21岁青年的高等教育入学率分别为34.7%、37.9%、27.2%和25.6%，到了三四年后大学生毕业的那一年，美国的大学毕业生失业率为6%，加拿大为11%，保持了较低的失业率水平，而意大利和西班牙的大学毕业生失业率水平则非常高，分别达到了52%和46%。由此可以清楚地看到，高等教育规模大并不一定会导致大学生失业问题严重。

其次，对于影响大学毕业生就业状况的因素的研究，国外学者也有不少研究成果。布达巴（Boudarbat，2008）对摩洛哥的大学生失业状况进行了研究，他认为自愿性失业是大学生失业的一个主要原因。由于两个劳动力市场的存在，大学毕业生宁愿失业也不愿进入收入低、条件差的私人企业就职[②]。隆德·奇德威（Luonde Chdwe，2007）对赞比亚的大学生失业问题进行了研究，认为需求不足和结构性失业是大学生失业的主要原因[③]。康世才等人对韩国大学毕业生的投资回报率进行了研究，发现自20世纪80年代中期以来，回报率的持续走低与韩国大学毕业生的快速增长有关。如果大学生不愿接受非常低的大学教育回报率的话，大学生失业问题将在所难免[④]。格洛丽亚·德拉·福尼（Gloria Dela Fuenie，1995）对西班牙大学生的就业状况进行了研究，他认为在20世纪70年代末期，大学生就业难的原因主要为高等教育的过度扩张、大学对就业需求状况的预测不足以及缺乏对大学生就业能力的培训[⑤]。佩雷拉（Perrella，1973）则从大学毕业生第一份工作的工作评价、工资收入水平、搜寻工作所需要的时间、失业状况等方面对美国1971年大学毕业生的就业状况进行了研究。他认为，当时大学毕业生存在严重的供求不平衡，超过一半以上的大学毕业生的第一份工作同专业不对口。他指出，人口因素的作用会使大学生的就业状况在未来有所好转[⑥]。

---

① GLYTSOS N P. Anticipated graduate job mismatches and higher education capacity inadequacies in Greece [J]. Higher education, 1990 (4): 397－418.

② BOUDARBAT B. Job－search strategies and the unemployment of university graduates in Morocco [J]. International research journal of finance and economies, 2008, 32 (4).

③ CHDWE L. Exploring youth unemployment in a re－structured Afican economy: the case of Zambia' s university graduates [D]. Halifax: Dalhousie University, 2007.

④ CHOI K S. The rising supply of college graduates and declining returns for young cohort: the case of Korea [J]. global economic review, 2005 (4): 167－180.

⑤ FUENIE G D. Higher education and employment in Spain [J]. European journal of education, 1995 (2): 217－233.

⑥ PERRELLA V C. Employment of recent college graduates [J]. Monthly labor review, 1973, 96 (2).

最后，有学者专门对大学生就业能力对就业状况的影响进行了研究。芬奇（Finch，2013）等通过定性和定量方法，发现大学生的就业能力是影响大学生就业率的首要因素。在提高大学生就业能力方面，大学的课程应注重学习结果与软技能的发展。此外，在申请工作时，大学毕业生应该突出自己的软技能和解决问题的能力①。泰蒙（Tymon，2013）指出，尽管大多数高等教育机构强调了其课程设置对大学毕业生就业技能的促进作用，然而来自雇主的一些调查报告显示，毕业生并没有做好工作的准备，缺少一些就业需要的最基本技能。研究结果表明，市场营销和人力资源管理本科毕业生的就业能力较强。与此同时，大学一、二年级和四年级的学生的学习动机是不同的，应当区别对待，设计与之相适应的就业能力开发方面的课程，这是高等教育机构所应当做的②。

1.2.2.2 关于不同类型高校毕业生就业状况的研究

对不同类型高校毕业生就业状况的研究一直是国外学者的一大研究重点。其中，关注一个国家不同学科专业毕业生就业状况的研究比较多。英国学者库恩（Kuhn，1973）对英国1960年的8 000余名毕业生的就业状况进行了追踪调研，调研结果表明，超过大学毕业生总数4/5的毕业生在工业部门、公共服务部门和教育部门就业，而不同性别和学科的毕业生在这些部门就业的分布存在很大的差异。他指出，从1965年到1972年，英国高等教育的扩张使得大学毕业生增加了近一倍。同时，在商业部门、工业部门和其他公共部门就业的应届毕业生比例在上升，而在教育领域就业的应届毕业生比例在减少③。马尔科姆·贝奇和彼得·多尔顿（Malcolm Bee & Peter Dolton，1990）研究了英国1962年至1987年不同学科专业的毕业生的就业情况，发现在20世纪60年代，英国各个学科的就业率差异是非常明显的，具体而言，社会科学的失业率最高，而工科的失业率最低。但是，情况在70年代后发生了改变，文科毕业生的失业率不断上升，在各学科中处于最高，而社会科学的失业率开始低于文科和理科。此外，学科下属的各专业的失业率差异显著。比如，在理科各专业中，生物科学的失业率保持了非常高的水平，连续三年超过了30%，而数学专业的毕业生失业率最低。在社会科学各专业中，经济学专业毕业生的失业率和地理学专业毕业生的失业率大体相当，经济学稍高一

---

① FINCH D J. An exploratory study of factors affecting undergraduate employability［J］. Education + Training，2013，55（7）.

② TYMON A. The student perspective on employability［J］. Studies in higher education，2013，38（6）.

③ KUHN A. Current patterns of graduate employment［J］. Higher education，1973（1）：271－273.

些。此外，不同性别的大学生失业率差异也是明显的，男性大学毕业生的失业率高于女性，但是其原因尚不清楚①。矢野真和（2006）通过调查发现，不同专业的日本大学毕业生就业率差异很大。他认为，日本高校应该加强基础性跨学科教育而不是口径狭窄的专业教育。同时，大学生工作以后的继续教育也是非常重要的②。

此外，有学者关注于各国高校毕业生就业率状况的比较。比如，保拉·波提奥（Paola Potestio，2011）通过研究近10年来欧洲六个国家的大学毕业生就业率的演变，发现了就业率在不同国家之间存在的差异。20世纪90年代末的意大利、西班牙的高等教育体制改革的效果较差，造成欧洲劳动力市场上大学生存在严重的异质性特点，这一特点变得越来越显著，到20世纪末，各个国家大学毕业生就业程度的分化越来越明显，他指出，各国的失业率这一标准对高等教育体制改革的影响非常重要，应该被各国重视③。

1.2.2.3 关于高等教育同职业匹配问题的研究

过度教育问题是国外学者关注和研究的焦点之一。在这一领域的代表人物是英国经济学家罗塞尔·隆伯格（Rusell Rumberger）和理查德·弗里曼（Richard Freeman）。他们认为，20世纪70年代以后欧美国家高等教育与劳动力市场之间的不对称问题是由过度教育造成的。弗里曼（Freeman，1976）在其著作《过度教育的美国人》中对美国高等教育的过度教育问题进行了深入的阐述。他指出，20世纪50年代至60年代，美国大学生数量增长了接近三倍，这源于美国对高等教育投入的增加，用于高等教育的费用占国民生产总值（GNP）的比例翻了一番。具体而言，大学本科毕业生人数增长了91%，而硕士生和博士生人数增长了近30%。尽管如此，高等教育的投资回报率依然保持了很高的水平，远远高于其他潜在的投资方式。但是，从70年代中期开始情况发生了变化，美国出现了明显的过度教育情况，大学毕业生不得不从事以前由更低学历水平的劳动者从事的工作，而难以获得具高等教育水平者从事的工作。博士和硕士毕业生的就业形势虽然比本科生要好得多，但是进入学术性的工作岗位变得非常难，而大学教师、中学教师等以往职业前景比较好的岗位变得越来越紧缺。此外，不同学科专业的大学毕业生就业情况差异非常明显，70年代中期，就业前景较好的硕士专业有工商管理、会计、

① BEE M, DOLTON P. Patterns of change in U. K. graduate unemployment [J]. Higher education, 1990 (1): 24-45.

② 矢野真和．高等教育的经济分析与政策［M］．北京：北京大学出版社，2006.

③ POTESTIO P. The employment of young graduates in the period 2000—2010: a comparison between six European countries [J]. Modern economy, 2011, 2 (5).

医药等，而物理学专业的学生就业前景不好。1969 年至 1974 年，美国大学毕业生的实际收入和相对收入都大幅减少，毕业生在专业技术和管理岗位上就业的比例大幅下降，大学生高等教育人力资本投资的个人回报率和社会回报率大幅降低，美国的过度教育问题比以前严重得多。1958 年非专业技术岗位和非管理岗位的从业人员中，只有 13.8% 的男性和 10.5% 的女性是大学毕业生，而到了 1970 年，这一比例分别上升到了 30.5% 和 24.4%。1958 年大学毕业生专业不对口的比率很低，仅为 10% 左右，而到了 1970 年，这一比例大幅升高，占到了 23% 左右，原因在于许多大学生很难在他们所学的领域找到工作。具体而言，有 22% 的女性大学生和 24% 的男性大学生从事了与自己专业毫不相关的工作①。亨利·莱文（1995）认为，以下的三种情况中只要符合一种，便属于过度教育：受教育者没有实现他们对职业的预期目标；受教育者的收入或者经济地位和以往相比降低了；受教育者所拥有的技能水平超过了他们实际工作岗位的需要②。

德国学者朔姆堡和泰希勒（Schomburg & Teichler，2006）研究了 12 个发达国家的高等教育和职业的匹配情况，得出了这样的调研结果：在被调查的高校毕业生中，分别有 12% 和 13% 的被调查者认为他们所接受的教育水平低于工作需要和高于工作需要，有 2/3 的被调查者表示他们所接受的教育与其工作匹配。在调查中还发现，被调查者的专业对口率仅有 8%，而认为他们所从事的工作可以由其他专业毕业生来做的比例达到 38%。与此同时，各国毕业生就业情况的差异很大，法国毕业生认为他们所学的学科专业与从事的工作完全对口的只有 20%，而意大利和挪威的这一比例达到 51%。此外，不同学科的毕业生专业对口情况差异也很悬殊，社会科学、理科毕业生完全对口的比例较低，教育学、医学、法学等学科的毕业生专业对口的比例较高。

维克托·切尔诺夫（Victor Chernoff，2012）调研了 2 005 个加拿大本科毕业生的就业状况，发现有 35.1% 的毕业生所拥有的第一份工作同专业不相关，教育同工作匹配在很大程度上取决于教育的特点和工作的领域，某一专业提供大学生就业市场所需要的特定技能课程（如健康科学和教育等）越多，则教育与工作匹配性越高。此外，大学期间成绩的好坏显著影响教育与工作的匹配性。而一些预定的特征比如年龄、性别和家庭背景等，没有显著影响教育与工作的匹配程度③。麦吉尼斯和斯隆（Mcguinness & Sloane，2010）利

① FREEMAN R B . The overeducated American［M］. New York：Academic Press，1976.

② 亨利·莱文. 高科技、效益、筹资与改革［M］. 北京：人民日报出版社，1995.

③ CHERNOFF V. Education – job match among recent Canadian university graduates［J］. Applied economics letters，2012，2（3）.

用英国毕业生数据研究发现，存在过度教育问题的大学毕业生中男性的比例远大于女性。大学期间技能教育的不足是降低工作满意度的直接原因，许多大学毕业生为这种技能教育的不足付出了实际成本①。

国外通过研究影响过度教育的因素得出了很多结论，比如，国外学者曼努埃尔·萨拉斯·韦拉斯科（Manuel Salas Velasco）从就业期望的满足②和就业技能的使用情况③两个方面来度量调研对象过度教育的情况。

使用就业期望来度量过度教育时得到以下结论：

第一，过度教育与高校类型相关，高校质量水平越高，其毕业生过度教育的可能性越低。

第二，过度教育与性别有关，女性过度教育的概率更大。

第三，过度教育与专业相关，社会科学类、艺术类以及人文类专业的毕业生过度教育的可能性更大，而法律、健康和管理学专业的毕业生更有可能处于适度教育。

第四，过度教育与父母的教育相关，父母所受教育的程度对教育适度与否有影响。

第五，过度教育与工作状态相关，全职、正规工作的从业人员同工作的匹配性更高。

第六，过度教育与行业相关，在教育、商业、医疗领域工作的人一般更有可能呈现教育适度状态。

第七，过度教育与工作经验相关，工作经验的增加有助于增强毕业生教育的适度性。

第八，过度教育与职业相关，经理、专业技术人员、服务人员、市场销售员拥有比工程师更高的工作匹配性。然而，秘书比参照群体更有可能过度教育。

用就业技能的使用情况来度量过度教育时得到以下结论：

第一，过度教育与单位类型相关，自我雇佣和公共部门的工作者更有可能教育适度。

---

① MCGUINNESS S，SLOANE P J. Labour market mismatch among UK graduates：An analysis using reflex data［J］. Economics of education review，2010，30（1）.

② 就业期望的满足：目前的工作和当你进入大学时的就业期望相比较是否满足的考察。原文使用问题："Taking all aspects into account，to what extent does your current work situation meet the expectations you had when you started your study?"（将所有的因素考虑进来，你目前的工作状态在多大状态上满足了当初你进入高校的期望?）

③ 就业技能的使用情况：原文使用的问题是"If you take into consideration your current work tasks altogether：To what extent do you use the knowledge and skills acquired in the course of study?"（如果将你目前的工作任务一起考虑，你在工作中使用了多少你在课程学习中的技能和知识?）

第二，过度教育与专业相关，法律和药科等专业的毕业生拥有更好的匹配度，社会科学专业更可能过度教育。

第三，持有一些正规的全职工作经验以及工作经验的增加对工作的匹配提升有影响。

第四，公司的规模似乎对于适度教育有消极影响。

第五，过度教育与职业相关，秘书、服务性工作者、商店和市场销售人员更有可能比工程师过度教育。

第六，父母的教育（高等教育资格）影响工作和教育技能的匹配。另外，获得学位的时期和大学的教育质量对于是否教育适度同样也有重要影响。

第七，高等教育同工作的匹配程度更有可能依赖一个国家的失业率。那些失业率低的国家的毕业生可能拥有更多的机会以保证他们的匹配，因为他们处于一个空缺岗位很多的劳动力市场；当失业率很高时，工作的竞争就会很激烈，比如一些高中生可以胜任的工作岗位现在也被大学毕业生填充，这就极有可能出现过度教育。

1.2.3 国内外研究现状的总体评价

通过前面的文献综述可以看到，国内外学者在大学生就业问题、高等教育同劳动力市场的关系问题等方面的研究卓有成效，对本书的借鉴意义非常大。同时，现有的研究还存在很多可以提升的空间，主要有以下几个方面：第一，大部分文献把高校扩招作为背景来研究大学生的就业问题，主要针对大学毕业生就业率的变化情况、就业质量的变化情况以及未就业大学生的生活状况等方面进行描述和原因分析，但是对“高等教育和劳动力市场的关系”这一较为深刻的主题探讨得比较少。第二，国外针对大学生就业状况的研究指标较为细致，数据较为全面，在讨论毕业生的就业情况时，进行了分层次、分学科、分地区、分性别的讨论，而国内针对大学生就业状况的研究大多停留在比较粗的框架下，细致程度不够，少有文献针对一些细致的指标进行专门界定和研究。第三，在国外针对大学生就业状况的研究中，除了对应届毕业生的就业行为和就业结果进行研究外，还对往届毕业生尤其是在工作岗位工作一年以上的毕业生进行研究，而国内的研究往往只针对应届毕业生，而对往届毕业生的研究很少。第四，在国内的研究中，研究产业结构和行业结构对大学生就业影响的文献非常少，大多只是提倡高校人才培养结构同产业结构相互匹配，多为定性研究，建立在实证分析基础上的定量研究非常少。

但是我们必须认识到，虽然高校人才培养对大学生个人行为的影响非常深刻，但是仅仅把高校人才培养这一影响因素作为外生变量是不够合理的。

大学生劳动力的供给是高校各种专业、实践教育活动、对大学生进行就业指导和服务以及大学生个体的观念等一系列行为和因素共同作用的结果，与此同时，需求行为又受到经济发展、产业结构、大学生劳动力需求特点等诸多因素的影响。在对大学生就业问题进行分析的时候如果忽视这些因素的重要性，对问题的认识必然是局部和片面的，也就不能形成真正有效的政策建议。

1.3 研究内容、方法、思路及结构安排

1.3.1 相关概念界定

1.3.1.1 高等学校

“高等学校”简称“高校”，是指“以实施高等教育为主要职能的机构。由政府、各种社会组织、私人团体、教会等举办。采取全日制、部分时间制、业余学习等方式，提供可（或不能）获得某种学位、文凭、证书的高等教育。在中国分普通高等学校和成人高等学校两类”①。1998 年通过的《中华人民共和国高等教育法》中规定：“本法所称高等学校是指大学、独立设置的学院和高等专科学校，其中包括高等职业学校和成人高等学校。”② 所谓“普通高等学校”，是指以实施普通高等教育为主的高等教育机构，以通过国家规定的专门入学考试的高级中学为主要培养对象，主要有全日制大学、独立设置的学院和高等专科学校、高等职业学校③。“成人高等学校”主要是指为在职人员举办高等学历教育的学校，包括干部管理学院、职工大学、职工业余大学、广播电视大学、函授大学、教育学院、普通大学所举办的夜大学和函授部④。自 20 世纪 90 年代末开始，成人高等学校不仅为在职人员提供高等学历教育，也开始招收应届高中毕业生，且应届毕业生的比例不断攀升。

2012 年，我国共有普通高等学校和成人高等学校 2 790 所，其中，普通高等学校 2 442 所，成人高等学校 348 所。普通高等学校中本科院校 1 145 所，高职（专科）院校 1 297 所⑤。可以说，普通高等学校在我国高等教育系统中占有主体地位，并且在人才培养目标和模式上职业学校与一般的大学之间存在很大的差异，因此本书主要研究全日制大学和独立设置的大学以及高等专

---

① 教育大辞典编纂委员会．教育大辞典：第 3 卷［M］．上海：上海教育出版社，1991.

② http：//www. moe. edu. cn/edoas/website18/info1426. htm.

③ 教育大辞典编纂委员会．教育大辞典：第 3 卷［M］．上海：上海教育出版社，1991.

④ 教育大辞典编纂委员会．教育大辞典：第 3 卷［M］．上海：上海教育出版社，1991.

⑤ 2012 年全国教育事业发展统计公报，教育部，2013 年 8 月发布。

科学校的人才培养与劳动力市场需求的对接问题。

1.3.1.2 人才

自古以来，我国关于“人才”的概念、标准以及选拔和任用的争论一直很多，至今尚未有统一的定义和描述。《国家中长期人才发展规划纲要(2010—2020年)》中对人才的定义是这样的：“人才是指具有一定的专业知识或专门技能，进行创造性劳动并对社会做出贡献的人，是人力资源中能力和素质较高的劳动者。”[①] 高校毕业生接受了教育系统最高层次的教育，理应是人力资源当中能力和素质较高的劳动者。所以，本书将高校毕业生均视为人才，将高校培养学生的过程视为高校人才培养过程。

1.3.1.3 劳动力市场

有劳动能力的供求双方在自愿的基础上进行的自身使用权变更与购买活动的集合称为劳动力市场。劳动力市场有广义和狭义两种概念：狭义的劳动力市场是从事某一行业劳动人员的供求双方本着自愿的原则进行的自身劳动使用权的变更与购买的一系列活动；广义的劳动力市场是指由各行业的劳动力市场集合而形成的劳动力市场体系。

主体要素、价格要素、基础要素、保障要素、调控要素是一个健全的劳动力市场不可或缺的五大要素。劳动力市场的主体要素是指能够进入劳动力市场中并参与市场活动的个人、劳动力和团体。市场主体必须具有参与市场活动的意愿并能够完成该活动，同时能够及时反馈市场的有效信息，最终对市场的运行和走势产生一定程度的影响。劳动力市场的价格要素主要是指劳动力的价格（即工资），它与劳动力主体要素（即劳动力供求双方）共同成为劳动力市场的两大基本要素。价格是劳动力市场上调节人员供求活动的主要杠杆，是一只“看不见的手”。劳动力市场的基础要素是劳动力市场存在和运转的全部软硬件的综合，是劳动力市场建立的基石。硬件要素是指劳动力市场运作必需的场所、设备以及服务机构等物质条件，软件要素是指那些指导市场发展的上层建筑方面的理论内容。劳动力市场的保障要素是保障劳动力市场稳定运行所必需的社会保护要素，是劳动力市场的支持和稳定系统，包括养老保险、失业保险、医疗保险等社会保险，以及住房、教育及其他社会保障要素。最后是调控要素。由于市场具有自发性、盲目性和滞后性的三大特性，因此政府必须加以正确引导和调控，调控要素正是指政府及其管理机构为了避免这些问题而进行的宏观管理、调节和控制的手段和行为[②]。

---

① http://news.xinhuanet.com/politics/2010-06/06/c_12188202.htm.

② 廖泉文．我国劳动力市场的理论与实践［M］．济南：山东人民出版社，2000.

1.3.1.4 对接

近年来，“对接”一词在教育领域被使用得越来越广泛。1988 年的《汉语大词典》首次把“对接”一词收录到词典中，并解释为“两个或两个以上的人造轨道飞行体（如宇宙飞船等）在太空相互结合”①。由此可以看到，这一术语原本不是用来表述高等教育与劳动力市场需求之间关系的，所以十分有必要对它进行界定，本书将“对接”定义为：以高等教育同工作之间建立联系为目标，实现高校培养的人才在总量、结构（包括层次结构、学科专业结构、能力素质结构等）以及规格上与劳动力市场需求之间的协调一致、相互吻合，既不存在大量大学毕业生有工作能力和工作意愿但是没有工作机会的现象，也不存在大量大学毕业生在工作岗位上与生产资料结合得不充分的现象。

1.3.2 研究内容

研究市场经济条件下的大学生就业问题时，不管是研究大学毕业生失业这一显性问题，还是研究高等教育与职业的不匹配这一隐性问题，学界似乎普遍将研究起点置于大学毕业生离开校园进入劳动力市场寻求工作这一时点，去研究供需匹配等问题。但是事实上，大学生这一群体同其他劳动力群体相比有其特殊性。一方面，大学毕业生的供给数量和结构不能完全在市场进行配置时得到，而要受到大学人才培养全过程的影响，大学毕业生的供给数量由择校时决定，而供给质量和其职业价值观深受高校人才培养过程的影响。与此同时，大学毕业生进入工作岗位的实际工作情况又受到高校人才培养的学历层次、知识、技能和能力等因素的深刻影响。可以说，高校人才培养这一变量在高校毕业生劳动力市场上扮演着极为重要的角色。另一方面，大学生劳动力的市场需求受到经济发展、产业结构等诸多因素的影响。如果忽视了这两方面因素的重要影响，对问题的认识很可能是局部的和片面的。

基于此认识，本书试图在理论上借鉴古典经济学中的供求分析系统，将高校置于这一供求系统框架内，将供给变量延伸至高校人才培养的全过程，把大学生就业问题在理论上归纳为“高校人才培养和劳动力市场需求对接”问题，使研究更加全面。具体研究内容如下：

第一，研究高校人才培养和劳动力市场需求供求系统的特点和供求对接机制。高校人才培养和劳动力市场需求这一特殊的供求系统远比劳动经济学研究的劳动力供求理论下的供求系统更加复杂，针对这一供求系统的研究不

---

① 罗竹风. 汉语大词典：第二卷［M］. 上海：汉语大词典出版社，1988.

能简单地套用一般劳动力市场的理论。本书分析了高校人才培养和劳动力市场需求这一特殊的供求系统的特点，分析了供求“对接”的运行机制，阐述了这一系统运行的结果，为后面的研究奠定基础。

第二，从历史的视角揭示高校人才培养和劳动力市场需求之间的本质规律和关系。目前，学界对于以“就业”情况来评价劳动力市场和高校人才培养的匹配程度的理论探讨并不是很多，鉴于此，本书将考察高校人才培养和劳动力市场需求是在什么情况下产生联系的，联系的方式是什么。

第三，研究大学毕业生失业问题和高等教育与职业的不匹配问题。本书研究了大学生失业这一“显性”供求失衡问题和大学生进入工作岗位后的“高等教育与职业的不匹配”这一“隐性”供求失衡问题。对大学毕业生失业问题的探讨：在总量的匹配上，对我国不同产业和行业对大学生劳动力的吸纳能力进行了实证研究，同时对20世纪末以来我国的高等教育扩招行为进行分析和评价；在结构的匹配上，则从高校人才培养的层次结构、学科专业结构、能力素质结构进行探讨；同时，也对大学生的职业价值观进行分析。对高等教育和职业的匹配问题的探讨，则主要借鉴国外对过度教育和教育不足的测量方法，对我国高等教育和职业的匹配问题进行实证研究。

1.3.3 研究方法

1.3.3.1 文献法

通过文献研究了解学界对这一问题的研究现状。主要利用国家图书馆以及各种网络电子资源，如中国期刊网、万方、维普等搜集与本书主题相关的各种文献，另外查阅国家统计局发布的统计年鉴和教育部编纂的教育年鉴等，帮助确立本书的视角，同时筛选出支撑本书的论据。

1.3.3.2 问卷调查法

通过问卷调查的方式获得我国高等学校（特别是北京地区的高等学校）大学毕业生的第一手资料，从而合理、客观地获取关于我国高等教育同职业匹配现状的信息。

1.3.3.3 统计法

通过对调查法获得的资料进行数理的统计、归纳和分析，加深研究的深度和力度，做到定性和定量的结合，以获得更科学、真实的研究结果。在处理数据时，本书运用了SPSS软件处理数据。

1.3.4 研究框架

本书的研究框架如图1.1所示。

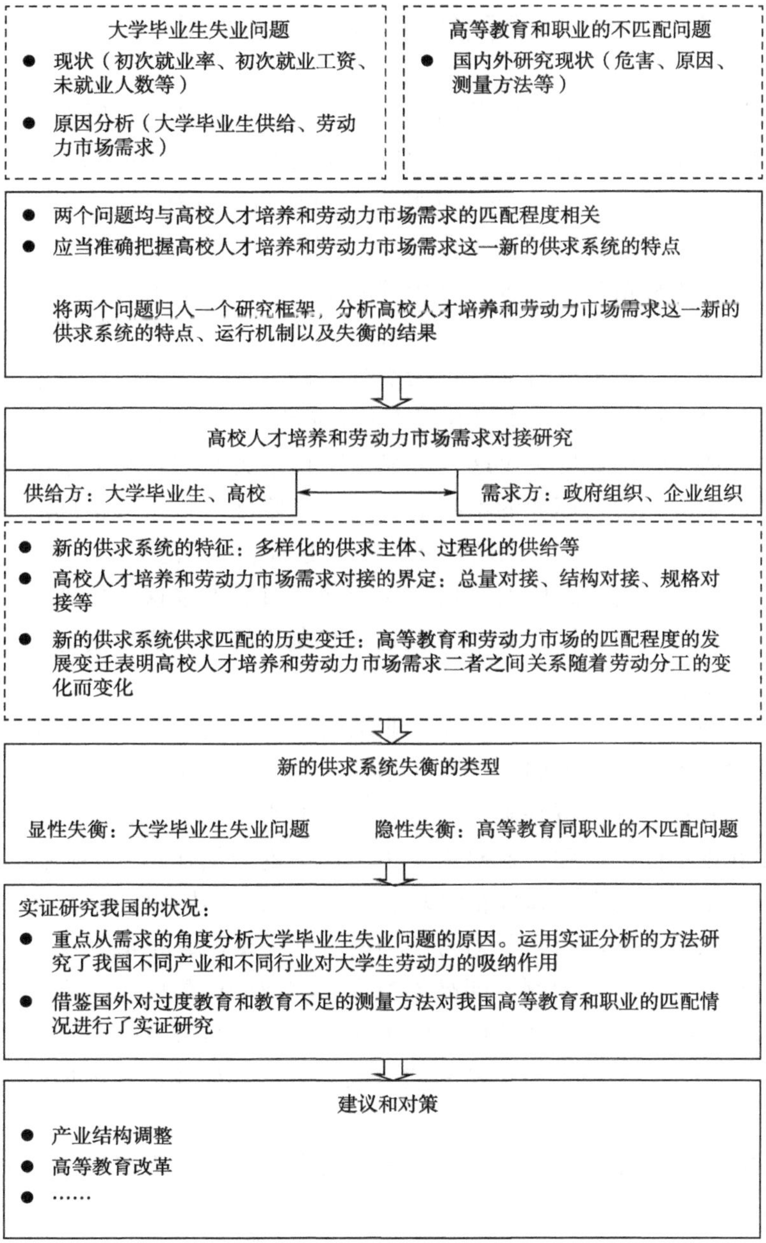
大学毕业生失业问题
● 现状（初次就业率、初次就业工资、未就业人数等）
● 原因分析（大学毕业生供给、劳动力市场需求）
高等教育和职业的不匹配问题
● 国内外研究现状（危害、原因、测量方法等）
● 两个问题均与高校人才培养和劳动力市场需求的匹配程度相关
● 应当准确把握高校人才培养和劳动力市场需求这一新的供求系统的特点
将两个问题归入一个研究框架，分析高校人才培养和劳动力市场需求这一新的供求系统的特点、运行机制以及失衡的结果
高校人才培养和劳动力市场需求对接研究
供给方：大学毕业生、高校
需求方：政府组织、企业组织
● 新的供求系统的特征：多样化的供求主体、过程化的供给等
● 高校人才培养和劳动力市场需求对接的界定：总量对接、结构对接、规格对接等
● 新的供求系统供求匹配的历史变迁：高等教育和劳动力市场的匹配程度的发展变迁表明高校人才培养和劳动力市场需求二者之间关系随着劳动分工的变化而变化
新的供求系统失衡的类型
显性失衡：大学毕业生失业问题
隐性失衡：高等教育同职业的不匹配问题
实证研究我国的状况：
● 重点从需求的角度分析大学毕业生失业问题的原因。运用实证分析的方法研究了我国不同产业和不同行业对大学生劳动力的吸纳作用
● 借鉴国外对过度教育和教育不足的测量方法对我国高等教育和职业的匹配情况进行了实证研究
建议和对策
● 产业结构调整
● 高等教育改革
● ……

图 1.1　研究框架

1.4 可能的创新和不足之处

在我国针对大学生就业问题的文献中，大部分把高校扩招作为背景来研究大学生的就业问题，主要针对大学毕业生就业率的变化情况、就业质量的变化情况以及未就业大学生的生活状况等方面进行描述和原因分析，但是，对“高等教育和劳动力市场的关系”这一较为深刻的主题探讨得非常少。另一方面，在对各种指标数据进行分析的时候，能够把供给行为认识为高校人才培养行为、对大学生的就业服务行为、大学生个体的观念和行为等一系列行为的共同结果，把需求行为认识为受到经济发展、产业结构等诸多因素的影响的也很少。对此，本书尝试在以下几方面做一些新的尝试：

第一，将大学毕业生失业这一“显性”供求失衡问题和大学生进入工作岗位后的“高等教育与职业的不匹配”这一“隐性”供求失衡问题置于一个研究框架内，将大学生就业问题拓展到一个更加全面的范围。

第二，全面分析了高校人才培养和劳动力市场需求这一特殊的供求系统的特点，对供求“对接”的概念及其运行机制进行了分析，阐述了这一新系统运行的结果。

第三，在国内的研究中，研究产业结构和行业结构对大学生就业影响的文献非常少，大多只是提倡高校人才培养结构同产业结构相互匹配，多为定性研究，建立在实证分析基础上的定量研究非常少。本书运用实证分析的方法研究了我国不同产业和行业对大学生劳动力的吸纳作用，根据国家相关统计数据计算出了不同产业和行业的大学生劳动力的就业弹性和就业效应。

第四，高校人才培养和劳动力市场的隐性均衡问题也就是高校人才培养和生产资料结合程度的问题，即高等教育和职业的匹配问题，学界对这一问题的探讨有一些成果，但是进行实证研究的较少。本书借鉴国外对“过度教育”和“教育不足”的测量方法对我国高等教育和职业的匹配情况进行了实证研究。

与此同时，因为笔者水平有限，本书仍有一些有待于在日后加强和改进的地方，主要表现在：

第一，由于我国各行业统计数据公布比较滞后，本书只能研究2005—2011年的各产业和各行业对大学生就业具体吸纳能力的数据，2005年之前的数据只能用仅有的一些相关方面的研究数据来代替，难免有所差异，缺乏统一和连贯性。

第二，在调研过程中，本书没有相应的课题支撑，关于高等教育和职业的匹配问题的研究只在北京地区进行了调研，而没有在全国范围进行调研，这方面还需在以后的研究中进行拓展。

第三，关于高等教育和职业的匹配问题的研究，为了使研究更加全面，作为大学生劳动力市场需求一方的企业和政府组织对大学毕业生能力、素质、技能等同职业的匹配情况评价如何，应当成为一大研究方向，本书没有对这方面内容进行专门研究，这方面内容将成为笔者未来研究主要拓展的方面。

2　高校人才培养和劳动力市场需求对接问题研究的理论借鉴

本书研究高校人才培养与劳动力市场需求的对接，为了有正确的理论引导，有必要对与本书高度相关的理论进行简要阐述，这些理论包括人力资本与教育理论、西方就业理论、过度教育理论、就业与产业结构理论等。

2.1　人力资本与教育理论

2.1.1　人力资本理论

人力资本理论（the theory of human capital）作为西方经济学的一个重要分支，产生于18世纪中叶。亚当·斯密在《国民财富的性质和原因的研究》一书中专门对人力资本理论进行了分析。他认为，获得才能需要接受教育，需要进学校学习，需要做学徒，需要一定的花费，这些花费的资本好像已经实现并固定在学习者身上。这些才能对于他个人自然是财产的一部分，对于他所属的社会也是财产的一部分。工人增进的熟练程度，可以和便利、节省劳动的机器以及工具同样看作社会上的固定资本。学习时所花费的费用可以通过获取利益而得到补偿①。可以看到，斯密把通过受教育所获得的才能纳入了资本的范畴，并认为在经济上对人力投资是有利可图的。1892年，马歇尔在《经济学原理》一书中强调，对人本身进行投资是所有资本中最有价值的②。本杰明·富兰克林在《穷人查理德的历书》中也提出了人力投资的经济意义：对知识的投资会获得最高利益③。

在20世纪五六十年代，人们逐渐发现，科学技术成为推动经济发展的首要因素，成为第一生产力，而科学技术不仅仅体现了工艺和技术水平，更体现了对人力资本的投资。实践证明，人力资本是发展经济的关键因素，也是

① 亚当·斯密．国民财富的性质和原因的研究［M］．北京：商务印书馆，1972.

② 马歇尔．经济学原理［M］．北京：商务印书馆，1981.

③ 转引自张德远．西方劳动经济学［M］．上海：上海财经大学出版社，1999.

一种非常宝贵的财富，人力资本的增长对经济和社会发展的促进作用要远远高于物质资本和劳动力数量的增加。在此过程中，以舒尔茨、贝克尔为代表的经济学家从不同的角度论述了影响科技发展的各种因素、教育投资的意义等，也从不同的方面论述了人力资本投资对经济发展和个人收入的促进作用，在很大程度上促进了人力资本理论的发展。

包括学前教育、小学、中学、大学教育在内的教育投资是人力资本投资中最重要的形式，这样的投资形式增加了人力资本知识的存量，实现了人力资本中普通教育程度的提高，而人力资本的存量可以用学历来反映①。

可以看到，接受教育既可以实现个人收益的提高，也可以实现社会收益的提高，这一点已经被世人广泛认可，人们也越来越把教育作为一种重要的人力资本投资方式。改革开放以后，我国的学界越来越重视人力资本和人力资本投资理论，这一理论也对我国的高等教育产生了很大的影响。研究高校人才培养和劳动力市场需求对接问题，实际上就是研究高等教育在受教育者身上所产生的人力资本如何在大学毕业生实现就业之后实现其价值的问题。所以，人力资本理论为高校人才培养同劳动力市场需求对接中出现的各种问题提供了一个很好的分析视角，对本书的研究具有重要的指导意义。

2.1.2 筛选假设理论

筛选假设理论的代表人物有斯潘思（Spence）、沃尔斯（Walls）、施蒂格里茨（Stiglitz）等。该理论认为，教育的功能是多种多样的，其中的经济功能在于它能够将不同劳动生产率的劳动者区分开来，而不仅仅体现为实现人的能力的提高。该理论把教育视为一种筛选装置，帮助雇主识别不同能力的求职者，将他们安置到不同的工作岗位上，教育反映能力。

斯潘思开创性地对教育水平在劳动力市场上的“信号传递”作用进行了细致的研究，他在《市场信号：雇佣过程中的信号传递》一书中成功地开拓了信号传递理论的研究领域，细致分析了受教育者是如何通过“信号传递”将信号传递给不具有信息优势的个体从而提升了市场均衡的有效性的。根据他的劳动力市场信号模型，教育在解决劳动力市场的信息不对称问题时仅仅起到信号的作用。知识并不会提高劳动生产率和人的能力，而只是一种筛选装置。劳动力市场的信息不对称性决定了一些外在的信息必须成为雇主进行雇员挑选的依据，于是教育承担了这样一个角色。所以，能力较高的人选择结构更高的教育，从而让自己在劳动力市场上被识别出来。这一理论对研究

① 杨河清．劳动经济学［M］．北京：中国人民大学出版社，2009.

高等教育同职业的匹配问题起到了重要的指导作用。

2.2 西方就业理论

西方的经济学界对于就业问题形成了众多的流派和思潮，这些流派和思潮关注的焦点在于经济运行中是否存在失业、失业的原因是什么以及如何实现充分就业，也由此形成了各种就业理论。本书的研究对象是大学生群体的就业问题，尽管大学生群体与其他社会群体存在一定的差异，但是我们有必要对西方成熟的就业理论进行梳理，对就业问题进行系统全面的把握，以便更好地针对这一特定群体进行研究。

2.2.1 以“时间顺序”为主线梳理的就业理论

对就业理论进行分类，常用的方式是以“时间顺序”为主线梳理经济学历史上不同的时期形成的对于就业（或失业）的观点。按这种方式对就业理论进行研究的优点在于，可以清晰地梳理就业理论在不同历史时期的发展历程，理清各种理论之间的因果关联，即后一种流派是如何在前一种流派的基础上产生的，他们之间有着怎样的关系，以及前一种流派是在什么样的情况下不足以解决当前的就业问题，从而促生出下一种能够解释当前就业问题的流派的。比如，在19世纪以前，资本主义国家的就业难问题并不是很严重，因此很少被经济学家所关注，即使在英国1825年爆发资本主义世界第一次经济危机，造成了大量失业的情况下，新古典主义经济学家们仍从理论上排除了失业存在的可能性，他们乐观地认为自由竞争的市场机制可以保证资源的充分利用和合理配置，保证社会每位成员实现最大满足。1929年，资本主义世界爆发了规模空前的一场大危机，各国经济陷入长期的萧条，各种经济矛盾尤其是失业问题凸显。在这样的历史背景下，英国经济学家凯恩斯对之前的资产阶级经济学进行了重大的修正，提出了“有效需求”理论，从理论上论证了国家对经济生活进行干预的必要性，为资产阶级经济学的发展提供了一个新的方向。他的理论也成为当时的“主流经济学”理论。从那以后，以凯恩斯主义为依据的经济政策在资本主义国家的经济生活中发挥了重要的作用，使各国的经济实现了持续稳定的增长。但是，到了20世纪60年代后期，通货膨胀和高失业并存的现象开始在资本主义国家出现，凯恩斯主义因无法解决这一问题而遭到了各方的批评。此时，新古典综合学派应运而生，该学派重新审视了市场的作用，力图解释经济停滞和通货膨胀并存的形成机理，并提出了结构性失业理论；货币主义认为，政府盲目推行赤字财政政策导致了“滞胀”现象；供给学派则从供给的角度谋求解决经济停滞和就业不足的政策措施，在微观经济学的基础上为失业提供了全新的解释；理性预期学派则在就业理论中加入了理性预期的假设，认为人们对工资水平的理性预期是形成供给行为的动因。当凯恩斯主义面临越来越多的挑战和质疑的时候，20 世纪 80 年代，新凯恩斯主义诞生。综上所述，这样一种以“时间”为主线梳理就业理论的方式清楚地揭示了就业理论的发展历程，深刻地展示了各派就业理论产生的背景以及各派之间相互借鉴、相互抨击的发展过程。

2.2.2 以“就业因素”为主线梳理的就业理论

所谓“就业因素”是指影响就业的因素，这其中包括促进就业的因素和阻碍就业的因素。影响就业的因素是复杂多变的，在本书中，笔者选取了其中的四类关键性影响因素，即劳动力供求、经济运行、劳动力市场结构与制度以及劳动力市场上的信息。相应地，本书总结出了四大就业理论，即供给－需求理论、增长就业理论、结构就业理论和信息就业理论。

2.2.2.1 供给－需求就业理论

供给－需求就业理论是围绕劳动力供求这一就业影响因素展开分析的理论。所谓劳动力需求，是指在一定时期内，在某种工资率下雇主愿意并能够雇用到的劳动力的数量。劳动力需求同工资呈反方向变动，劳动需求曲线是一条向右下方倾斜的曲线。重要的一点是，劳动力需求是派生性需求，雇主需要多少劳动力，从根本上说并不是由其主观意志决定的，而是由市场对其提供的产品和服务的需求所引起的。在市场经济中，劳动力与其他生产要素相结合，就能够提供市场所需要的产品和服务，这是企业雇佣劳动力的目的。因此，劳动力需求产生的直接基础是社会对产品和服务的需求。一个社会对物质产品和服务的需求越大，在一定的技术条件下，企业对劳动力的需求就越大，反之则越小。所以，分析劳动力需求必须涉及对劳动产品需求的分析，从这个意义上说，可以认为劳动力需求的理论是关于生产的理论。所谓劳动力供给，是指在一定时期内，在某种工资率下劳动者愿意并且有能力提供的劳动数量。劳动力供给的影响因素主要包括宏观经济状况、收入水平、经济政策、国家教育发展水平、个人偏好、社会观念等，可以具体分为宏观影响因素和微观影响因素。劳动力供给主要取决于劳动力的成本，工资的变化产生的收入效应和替代效应使得劳动供给曲线为一条向后弯曲的曲线。

具体而言，供给－需求就业理论包括市场调节就业理论、政府干预就业理论和非均衡就业理论。之所以将以上三个就业理论归结为供给－需求就业理论，是因为三个理论都认为均衡就业可以通过劳动力市场的供求法则得以实现，只在供求平衡的调节手段上有所不同。市场调节就业理论认为，在市场自由竞争的条件下，人们只要接受现行的工资水平就都能找到工作，实现充分就业，也就是说可以通过工资杠杆进行自发的调节；政府干预就业理论认为，充分就业只是一种理想状态，自由竞争的资本主义社会并不总能实现充分就业，非充分就业才是常态，而有效需求不足和工资向下刚性是造成非充分就业的根源，政府应当运用财政政策和货币政策对经济生活进行干预，增加投资，保证社会的有效需求，从而实现充分就业；非均衡就业理论则认为，在现实劳动力市场上存在不同的失业形式，如古典失业均衡、凯恩斯失业均衡、抑制性通货膨胀均衡和消费不足均衡。所以，应当根据失业的不同原因将市场调节和政府干预结合起来考察，以实现就业。

2.2.2.2　增长就业理论

增长就业理论是围绕经济运行这一就业影响因素展开分析的理论，它包括增长条件论和经济增长论。在增长条件论中，最著名的是哈罗德－多马模型、索洛的新古典增长模型和新剑桥增长模型。哈罗德－多马模型认为，投资带动下的有效需求是实现某一时期内充分就业的条件，也就是说，经济增长的决定因素是投资的增长能否持续下去。在资本－产出比和储蓄率一定的条件下，稳定的经济增长率需要把储蓄率合理地转化为投资。索洛的新古典增长模型认为，以充分就业为目的时，资本－产出比是可以变动的。新剑桥增长模型则认为，改变储蓄率和调整国民收入的分配是实现充分就业的条件。增长条件论的就业观点在以下方面是达成共识的：首先，经济增长是保持高就业率必不可少的条件。其次，收入分配对就业的影响比较复杂。一种观点认为，工资的日益减少、储蓄和投资的日益增加使得消费对投资的比例会日益减少，导致经济停滞，失业增加。另一种观点认为，工资的增长落后于利润的增长会使高收入者增加储蓄倾向，从而扩大生产资本的份额，实现经济增长和就业增加。经济增长论则证实了经济增长和就业变动之间的数据关系，其中最著名的是菲利普斯曲线和奥肯定律。菲利普斯曲线反映了失业同通货膨胀之间的关系，通货膨胀率低的时候，失业率高；通货膨胀率高的时候，失业率低。

2.2.2.3　结构就业理论

结构就业理论是围绕劳动力市场结构与制度这一就业影响因素展开分析的理论，包括新制度经济学的就业理论、配第－克拉克定理、库兹涅茨法则、新古典综合学派的就业理论、劳动力市场分割理论以及马克思就业理论。它们的共同点在于，都揭示了经济结构、社会结构和社会制度的变化导致劳动力供给结构同社会需求之间产生错位，出现职位空缺和就业困难的现象。不同点在于，它们认为“结构”的表现形式不同。新制度经济学主要针对劳动力市场结构进行分析，包括劳动力市场结构和区域结构以及社会结构；配第－克拉克定理、库兹涅茨法则关注产业结构的变化对于就业的影响，认为如果就业结构不适应产业结构，就会导致失业；新古典综合学派关注技术结构、产业结构和地域结构，认为这些结构决定了劳动力市场的不同，从而产生不同的劳动供求性质，直接造成了行业和地区存在失业和工作岗位空缺并存的现象；劳动力市场分割理论关注市场结构的不同，认为劳动力市场不是统一的，而是划分成不同部分的，劳动者很难在不同的劳动力市场之间进行自由的转换，必然造成失业和工作岗位空缺并存的现象；马克思就业理论关注社会制度，将资本主义社会的失业问题归结于资本主义制度，认为只有改变资本主义制度，脱离剩余价值的规律，才能解决失业问题。

2.2.2.4 信息就业理论

信息就业理论是围绕劳动力市场上的信息这一就业影响因素展开分析的理论，它包括筛选假设论、理性预期学派的就业理论、社会资本论和工作搜寻理论。它们的共同点在于都是研究就业与劳动力市场之间的关系，认为劳动力市场信息是不完备的，在这样的条件下，就业的关键是寻找满足劳动力供求双方理性和利益的就业信息，谁掌握的信息完备、准确，谁就可以实现预期就业，否则，就有可能失业。不同之处在于，各个理论的信息获取过程和信息的内容有所差别。筛选假设论所关注的“信息”是教育，理性预期学派的就业理论关注的“信息”是人们形成的“预期假设”，社会资本论关注的“信息”则是社会资本，工作搜寻理论关注的“信息”是搜寻过程。

2.3 过度教育理论

过度教育这一概念最早由美国教育学家弗里曼（Freeman）提出，他在《过度教育的美国人》一书中把过度教育与高等教育的年限、类型以及劳动力市场的收入和机会联系在了一起，认为过度教育是导致美国人自20世纪70年代以来被迫从事对学历无要求的工作以及教育收益下降的原因，由此开创了关于“过度教育”的研究。很多学者对不同时期、不同国家的过度教育现象进行了研究。时至今日，过度教育仍然是许多学者热心关注的课题。

尽管西方教育经济学对过度教育已有20多年的研究，但是对它的界定至今也没有达成共识。“一个社会（或个人）拥有的教育超过了它（或他）的所需（required）或所望（desirable）”① 是《教育经济学国际百科全书》一书对其进行的定义。“一个人获得的教育超过了职业要求的水平”② 是约翰·罗布斯特（John Robst）对过度教育的定义。享利·莱文（Henry Levin）则认为，以下的三种情况中只要符合一种，便属于过度教育：受教育者没有满足他们对职业的预期目标；受教育者的收入或者经济地位和以往相比降低了；受教育者所拥有的技能水平超过了他们工作岗位的需要③。

我国的学者对于过度教育的定义也有着各自的见解。刘雪梅（2000）认为，过度教育是指受教育者所拥有的知识和技能水平超过了实际工作岗位的需要而导致的知识失业现象④。对于过度教育的表现，我国也有学者进行了描述，主要表现为以下四个方面：一是学非所用，即受教育者的技能水平在就业中未能充分利用；二是投非所得，即受教育者的收入和经济地位比受教育前低；三是高才低用，即高校毕业生从事的工作实际上可以由高中生承担；四是受教育人口的失业率水平较高，甚至高于教育层次较低的人口的失业率⑤。

从以上表述可以看到，对于过度教育的理解可以从两个方面进行：从宏观上来理解，过度教育是指教育供给超过了教育需求；从微观上来理解，则是指受教育者个人拥有的知识、技能水平超过了所从事的工作岗位的需要。

综合来看，中外学者所提出的过度教育的情况在本质上是一致的，可以从三个方面对过度教育进行定义（隆伯格，1981）：第一种定义，过度教育是指受教育个体的教育回报水平降低。第二种定义，过度教育是指受教育个体的知识、技能水平在就业中未能充分利用。第三种定义，过度教育是指受教育个体没有满足他们对职业的预期目标。总之，过度教育将造成人力资本投资的损失、知识贬值甚至知识失业等各种就业问题。

对于过度教育的影响因素及其危害，国内外大体从社会和个体两个纬度进行研究。概括起来主要有三种观点：第一种观点认为，经济发展和劳动力市场发展的过程实际上就是劳动者受教育水平和工作岗位之间不断调整和适应的过程，所以，过度教育是这个调整过程中的短期现象，劳动者受教育水平同工作岗位之间将经历从均衡到不均衡，再由不均衡到均衡这样一个循环

① 卡诺依．教育经济学国际百科全书［M］．北京：高等教育出版社，2000.

② 曲恒昌，曾晓东．西方教育经济学研究［M］．北京：北京师范大学出版社，2000.

③ 亨利·莱文．高科技、效益、筹资与改革［M］．北京：人民日报出版社，1995.

④ 刘雪梅．教育过度及其对策［J］．大连教育学院学报，2000（3）：37－39.

⑤ 曲恒昌，曾晓东．西方教育经济学研究［M］．北京：北京师范大学出版社，2000.

往复的过程。因此，过度教育是调节劳动力供需矛盾的有效途径，而不是只有消极的影响。第二种观点认为，过度教育现象不论对于受教育者个人还是对于社会而言都具有消极作用，而且是持久的。他们指出，在相对工资率的调整时间内不一定能使受教育劳动者的供给与职业岗位的需求相适应，从而难以消除过度教育；特别是在竞争不完全的劳动力市场中，其工资水平并不是取决于市场竞争，而是取决于人为因素尤其是政府的决策，教育层次较高的劳动者工资收入因非市场因素仍保持较高，那么教育投入也会继续加大，即使过度教育降低了教育投资的相对收益率，但是如果人们认为目前教育投资收益率的下降只是暂时的，未来会很好，那么他们也会继续增加教育投入，从而难以摆脱过度教育[①]。第三种观点给出了过度教育既“长”又“短”的经济解释，如约翰森（Johnson）和詹诺维克（Janovic）等采用吻合与相称（Matching）理论来对过度教育进行解释。这种观点认为，劳动力市场的信息不对称和市场的不景气会导致一些大学毕业生从事低于教育资格的工作岗位，但是随着时间的推移，许多员工将继续寻找更适合自己学历的工作岗位。对于受教育者个人而言，过度教育是短期的，是暂时的，而对于整个社会而言，过度教育又是普遍存在的，是长期的。

我国学者对于过度教育危害的研究仍然停留在理论层面的分析，大多数学者认为过度教育对经济、社会有负面影响。例如，白韶红（2006）认为，过度教育在个体收益、劳动生产率、就业市场、教育资源配置和社会公平方面产生了负面影响[②]。武向荣（2007）利用 ORU 模型发现，我国过度教育收益率小于工作所需教育收益率[③]。黄志岭等（2010）的研究显示，处于过度教育的个体要比适度教育者的收入低 4.8%，表明过度教育将会导致个人收入受到损失[④]。

关于过度教育形成机理的研究，国外已经形成了几个不同视角下的理论体系，比如筛选理论、人力资本理论、位置理论等，但是我国对于这方面的研究仍然局限在一般的原因性分析上，未形成独特的理论体系。

我国学者对于过度教育形成原因的研究主要从宏观的社会环境、中观的学校环境以及微观的学生个体观念等方面讨论。武少新（2001）认为，我国过度教育的成因在于高校人才培养与劳动力市场需求脱节，高校人才培养定

---

① 曲恒昌，曾晓东．西方教育经济学研究［M］．北京：北京师范大学出版社，2000.

② 白韶红．过度教育及其对经济增长的影响分析［J］．重庆社会科学，2006（9）：14－18.

③ 武向荣．教育扩展中的过度教育现象及其收入效应：基于中国现状的经验研究［J］．北京师范大学学报（社会科学版），2007（3）：132－136.

④ 黄志岭，逯岩，樊小钢．过度教育的收入效应实证研究［J］．财经论丛，2010（6）：16－22.

位不够准确，忽视对学生综合素质的培养①。淡华珍（2000）认为，我国进行的机构精简和国企改革在一定程度上导致了高校毕业生的过度教育，与此同时，政府的经济调控手段不足也是造成过度教育的原因②。有学者从毕业生的角度来寻找原因（周晓红，2000），也有学者从用人单位的角度来寻找原因（谭建英，2001），还有学者从劳动力市场信息传送机制、高等教育培养模式以及我国产业结构等方面寻找原因（张文晋，2009）。总之，我国学界将过度教育的原因大部分归纳为教育发展过快（扩招）、目标过高、教育结构与产业及就业结构不相适应、劳动力市场机制不完善等。

2.4 就业与产业结构理论

按照国际通行的产业分类法，国民经济整体可分为三大产业：第一产业，是指产品直接取自自然界的部门，它为人类提供食品等基本必需品；第二产业，是指对初级产品进行再加工的部门；第三产业，是为生产和消费提供各种服务的部门。各国对三次产业各自包括哪些具体部门的划分有所不同。我国三次产业的划分如下：第一产业为农业，包括种植业、林业、牧业、副业和渔业；第二产业是工业和建筑业，工业包括采掘工业、制造业、自来水、电力、蒸汽、热水、煤气业；第三产业是除第一、第二产业以外的产业。目前，西方大多数发达国家第一产业所占比重不超过10%，第二产业在30%左右，其余为第三产业。

就业结构一般是指社会劳动力在国民经济各部门、各行业、各地区、各领域的分布、构成和联系。在存在社会分工的条件下，社会生产总是在一定的部门、行业、地区结构中进行的，也就是说，生产要素要在不同的部门、行业、地区间按照一定的比例分布，这一比例的合理与否对于经济发展的方向、速度、活力等都具有重大影响。

就业结构具有十分重要的经济和社会意义。经济意义方面，只有在就业结构合理的情况下，经济结构才能趋于合理，进而实现产出水平和效益水平的最大化，可以说就业结构是衡量经济结构合理与否最主要的标志。只有生产要素之间达到最优组合，经济结构才能达到最合理的状态，而在考虑诸多生产要素的组合时，劳动力要素往往处于突出地位。社会意义方面，人们成年之后一般要求就业，如果有较多成年人的就业要求得不到满足，社会的安

① 武少新．谈毕业生就业过程中的“人才高消费”现象［J］．广东行政学院学报，2001（3）：91－93.

② 淡华珍．大学生就业难问题研究报告［J］．洛阳工学院学报，2000（2）：38－45.

定就会出问题。扩大就业的总规模有各种措施，而调整就业结构就是其中一项很重要的措施。同样的社会总产品可以是不同的产业结构、就业结构的产物，也就是说，等量的社会总产品可以与不同的就业总规模相联系，就业的部门、地区、城乡、所有制等结构的变化都会影响就业总规模的变化。

总之，经济结构和产业结构的变化将引起就业结构的变化，就业结构又会对二者的健康发展产生重大影响。按照就业结构规律合理安排社会劳动力在产业间以及各产业内部的分配，是实现国家经济发展的必然要求，也是国家制定和调整经济发展战略、优化资源配置的重要内容。

英国经济学家科林·克拉克（Colin Clark）在威廉·配第（William Petty）的基础上得出了关于产业结构与劳动力分布关系的演变规律，即“配第－克拉克”定理。

“配第－克拉克”定理主要以三次产业分类为依据，考察劳动力随着经济发展在各产业中的分布变化。其主要结论是：在经济发展的初级阶段，第一产业所占比重最大；随着国家经济的发展和 GDP 的增加，第二产业将逐渐占据主体地位；但最终，随着经济发展到更高的阶段，第三产业会代替第一、第二产业，成为所占比重最大的部分。在这个过程中，从事第一产业的人员将逐渐向第二、第三产业转移，第一产业的劳动力逐渐减少，第二、第三产业的劳动力增加。经济越发达、GDP 越高的国家，从事农业的人口数占全国人口总数越少，而第二、第三产业中劳动力所占的比重相对来说就越大；反之，经济越落后、GDP 越低的国家，农业劳动力所占比重相对越大，而第二、第三产业劳动力的数量越少。世界各国特别是经济发达国家的产业结构与就业结构变动的实践都证明了“配第－克拉克”定理。

3 高校人才培养和劳动力市场需求供求系统分析

本书聚焦于高校人才培养和劳动力市场需求的匹配和对接，这一供求关系同一般劳动力的供求关系有很多相同的地方，也有其自身的独特性，对这一特殊的供求系统的全面分析是下一步研究的基础。

3.1 高校人才培养和劳动力市场需求供求系统的特征

运用劳动力供求理论对市场经济活动进行分析的时候，大多针对供给和需求两个方面。对大学毕业生劳动力供给和劳动力市场需求这一供求系统，尽管似乎也可以抽象地用供给和需求理论来进行分析，但是实际上，这一供求系统的状态涉及多方的共同作用，远比劳动经济学研究的劳动力供求理论下一般的供求系统更加复杂，下面主要分析这一系统的特殊性。

3.1.1 多样化的供给和需求主体

消费者和厂商是市场经济活动中的两个参与者，厂商生产满足消费者需求的产品从而获取利润，成为产品的供给者，而消费者则作为产品的需求者。在大学毕业生劳动力市场上，从表面上看，大学毕业生是劳动力供给一方，用人单位是劳动力需求一方，但是如果深入分析会发现，影响供给和需求双方数量和质量的不是单一个体。不同的供给和需求主体也有着不一样的利益和目的，对这些供求主体及其利益进行分析有助于理解高校人才培养和市场需求这一复杂的供求系统。

一方面，企业和政府共同构成大学生劳动力的需求方，对高等教育人才的需求随着时代发展的变化而变化。在农业社会，大学存在的主要目的是创造关于如何认识世界等知识，这一时期的大学大多是自发产生的，政府很少介入其中，介入更多的是教会，教会的政治目的即不同教派之间的竞争构成了社会需求的主要方面。在工业社会，高等教育受到了社会对专业人才需求旺盛的影响，开始为社会培养各种专门人才，这一转变是建立在劳动分工日益发展和劳动形式不断转变的基础之上的。与此同时，政府开始介入高等教育的发展过程。一方面，政府逐渐意识到人才培养对于社会的重要性，于是人才培养这一功能在大学得到发展；另一方面，政府也逐渐认识到技术研究和科技创新的重要性，使得科学研究这一功能在大学也得到发展。在此情况下，政府便成为高等教育的另一个需求主体。同时应该看到，在工业化初期，企业对于高级劳动力的需求不是很高，这是因为这一时期的企业大多数属于制造业，劳动力集中于生产线上，不需要太高的技能。相反，这一时期对高等教育人才需求最多的是政府部门，对于劳动力知识和技能水平的要求随着部门机构的完善而提高。随着劳动分工的不断深化，产业结构不断分化，服务行业和技术性行业得以发展，企业对于高素质技术和管理人才的需求日益旺盛，当高等教育发展到现代时期，政府和企业共同构成了高校人才的社会需求主体，需求主体的动机也在不断地发生着改变。

另一方面，高校和大学生共同构成大学生劳动力的供给方。对于高等教育的供给，实际上可以从两个角度来理解，即高等教育入口角度和高等教育出口角度。“在某一时期内，一国或一地区高等教育机构所能提供给受教育者的机会”①，是从高等教育的入口来解释。“在一定的单位成本下，高等教育机构所能提供的教育，表现为教育机构培养一定数量、质量、结构的劳动者的能力”②，是从高等教育的出口来解释。本书聚焦于大学毕业生在劳动力市场上的就业行为，对于高等教育供给的理解采用第二种解释。在这里需要特别说明的是，本书将供给方抽象表述为“高校人才培养”，而这一供给方实际上包含着大学生个体和高校两个供给主体。

综上所述，高校人才培养和劳动力市场需求这一供求系统的各个主体关系如图 3.1 所示。

3.1.2　多样化的主体目标

在产品市场上，消费者的目标是效用最大化，厂商的目标是利益最大化。而在高校人才培养和劳动力市场需求这一特殊的供求系统中，各供求主体的目标是不同的。

对于需求主体之一的企业而言，其目标显然是追求利益最大化。劳动力需求属于派生需求，受到生产产品需求的影响，所以企业获取劳动力的重要准则是以最小的成本获得最大的劳动力价值。与此同时，劳动生产率的提高、生产技术水平的提高、新科技的创新是企业生存和发展的重要决定因素，所

① 马永霞．冲突与整合：高等教育供求主体利益分析［M］．北京：高等教育出版社，2006.

② 马永霞．冲突与整合：高等教育供求主体利益分析［M］．北京：高等教育出版社，2006.

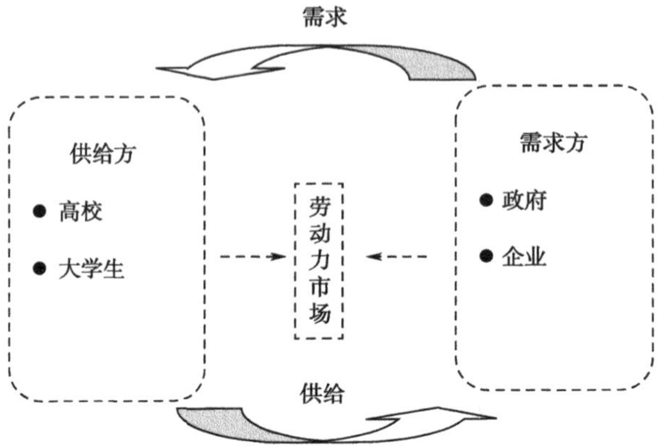

图 3.1　高校人才培养和劳动力市场需求系统相关主体

以，企业对高素质、高效率的创新人才的需求越来越明显。

对于另一需求主体政府而言，在经济社会的发展过程中，政府逐渐认识到高等教育在经济增长、提高整个社会的文明程度、提升科技水平等方面发挥的巨大作用，政府的宏观调控目标便是实现国民财富的增长和精神文化水平的提升。高等教育是生产精神文明的重要基地，可以提升国民的思想境界，发展他们对新生事物的接纳意识、对新观念的理解水平以及对新技术的探索能力，从而改变人们对社会的态度。总的来说，政府发展高等教育的目标应该包含培养创业型人才、研发科学技术、传播和创造文化等。

对于供给主体之一的大学生而言，其根本目标在于获得知识和技能以便在日后能将这些知识和技能转化为谋生手段和发展机会。而对于高校而言，私立高校为了满足毕业生的上述需求，依靠提升学生的评价和社会的声誉以保持良好的生源；公立高校则为了获得政府资助，尽可能地满足政府的各种要求。

3.1.3　高校人才培养和劳动力市场需求供求系统的特征分析

高校人才培养和劳动力市场需求供求系统的一些独有特征将会对供需匹配的结果产生一定的影响，下面将对其进行深入分析。需要说明的是，这里只分析其特有的特征，而对于一般劳动力供求关系也具有的特征本书不再进行赘述。

3.1.3.1　高校人才培养目标的多样性影响供求匹配的效果

如果只涉及高等教育同工作的联系，那么，高等教育的功能大体有两个：一方面，高等教育赋予受教育者一定的资格，促使受教育者提高知识水平和处理各种事务的能力，帮助其应对未来的工作岗位和日常生活中的各种挑战；

另一方面，高等教育实际上提供了一种社会地位分配的功能，受教育者为了使自己日后的生活更加幸福，选择接受高等教育这一人力资本投资行为，而接受教育也逐渐成为个人取得职业成功从而达到某一社会地位的关键性因素。

以上高等教育的功能是显而易见的，同时也是高等教育和劳动力市场需求对接的重要依据。但是从现实来看，相比于其他方式而言，高等教育归根结底提供的是一种剥离实践的知识和技能的传授，可以说，在为工作提供准备的过程中高等教育表现得并不是很完美。在为职业进行准备方面，在职训练似乎比高等教育更加贴近实际和高效。

与此同时，随着人类社会的发展，高等教育也逐渐被认为不应该仅仅为工作做准备，而应该具有更加广泛的功能和目标。根据马丁·特罗的研究，高等教育不同发展阶段的特点是不同的。如表 3.1 所示，在精英阶段，高等教育同政治的联系很紧密，到了大众化阶段则注重于传授同经济相关的知识和技术，而到了普及化阶段，高等教育则更注重个体发展同社会各个层面的融合。高校人才培养目标的多样性使得在实现这些目标的时候产生了一个时间分配的问题，即目标越复杂，大学生用于学习同未来工作有效对接的知识、技能的时间就越少。也就是说，当高校人才培养的内容、方式以及资源分配方面不再仅仅以劳动力市场需求为目标时，将会对其与劳动力市场需求对接的效果产生影响。

表 3.1 不同发展阶段高等教育制度与机构类型比较

项目	精英阶段	大众化阶段	普及化阶段
毛入学率	15%以下	15%至50%	50%以上
高等教育观	上大学是少数人的特权	一定资格者的权利	人的社会义务
功能	培养学术精英与统治阶层	传授技术与培养能力，培养技术和经济专家	培养人的社会适应能力，造就现代化社会公民
教育内容和课程	侧重学术与专业，课程高度结构化和专门化	灵活的模块化课程	课程之间、学习与生活之间的界限被打破
教学形式与师生关系	学年制，必修制，重视个别指导法，师徒关系	学分制，教授为主，辅以讨论，师生关系	教学形式多样化，应用现代化手段，师生关系淡化
学生的就学方式	住校，学习不间断，辍学率低	住校与走读结合，多数学生的学习不间断，辍学率高	延迟入学，时学时辍现象增多，多数学生有就业经历，大部分走读

续表

项目	精英阶段	大众化阶段	普及化阶段
学校类型与规模	类型单一，每校数千人，学校与社会之间的界限清晰	类型多样化，三四万人的大学城，学校与社会之间的界限模糊	类型多样且没有共同的标准，学生数无限制，学校与社会之间的界限逐渐消失
领导与决策	少数精英群体	决策程度更民主并受相关利益集团影响	公众参与，各种利益集团更多地介入决策
学术标准（质量标准）	共同的高标准	多样化	标准更加多样化
入学与选拔原则	考试成绩，英才成就	准选拔性的（成绩标准加非学术标准）	非选拔性的（对有升学愿望和资格的所有人开放）
学校管理形式	学术人员兼任行政职务，选举制或任命制、任期制	主要由专业管理者承担	高度专业化的管理人员大量出现
学校内部管理	教授治校、元老教育垄断管理	中青年教职员和学生享有一定的管理权	广泛的民主参与

资料来源：刘文．高等教育投资与毕业生供求研究：基于人力资本的视角［M］．北京：中国经济出版社，2006：198.

3.1.3.2　高校人才培养的周期性和复杂性使得供求对接存在困难

不论是在计划经济条件下还是在市场经济条件下，高校人才培养的周期一般在三年以上。大学生在进入大学进行专业选择的时候，并不了解毕业时这一专业的发展情况以及这一专业毕业生的供需数量和结构，往往只能根据历史和当前情况进行选择，这样的一个时间差加剧了大学生进行专业选择的风险和不确定性。与此同时，高校进行学科专业设置的时候，也无法完全预测三至四年后的情形如何。事实是，劳动力市场需求在三四年的时间内往往会发生很大的变化，尤其是我国目前正处于产业结构快速调整的阶段，城乡结构、就业结构、技术结构都随之发生着快速的变化，高校人才培养的周期性决定了高校学科专业设置不论怎样进行，大学生个体不管怎样进行专业选择，都无法及时跟上劳动力市场需求的变化。某一专业在三四年前是社会需求的热门专业，而三四年后则有可能变为滞销专业；某一领域的新知识，在三四年之后可能已经变得完全陈旧。即便可以做到高校学科专业同劳动力市场需求的对口，也是对“一时一地”之口，脱节与不对口才是必然的。此外，毕业生的质量受到高校人才培养各个环节的影响，这就导致了在大学毕业生同劳动力市场需求进行互动和对接的时候，大学毕业生的条件不能够完全满足供给方的要求。以上这些不确定因素尽管可以在选择和确定的时候通过一定的预测来缓和，但是并不能够做到精准，这使得高校人才培养和劳动力市场需求对接存在困难。

3.1.3.3 大学生职业选择的“高层次”倾向影响供求对接的效率

同一般的劳动力相比，大学生劳动力属于知识劳动力，在我国的人力资源结构中无疑属于高端人才，因此对职业和工作岗位选择的标准往往更高，容易倾向于选择在“高端”劳动力市场就业，而很难接受“低端”劳动力市场的就业岗位。与此同时，相比于低层次劳动力，大学生的职业价值观也更容易呈现出多样性的特点，导致满足他们工作要求的集合变得越来越小，造成了搜寻工作时间的延长，从而影响了供求匹配的效率。

在大部分的研究中，高校毕业生择业动机中多样化的价值取向往往被忽视，人们想当然地认为大学毕业生的职业动机只是经济回报。英国的一项研究试图分析大学生的职业动机，这一研究主要通过观测大学毕业生的职业价值观来进行，得出的结论是，对大学毕业生就业选择产生最重要作用的不是收入、就业条件等，大学生的职业价值观呈现出非常复杂的情况。比如，大学生把个人的发展和自我价值的实现看作首要的就业动机，而不是报酬、社会地位和社会声誉。在工作满意度影响因素的选择上，比重最大的不是收入、工作安全性和闲暇时间，而是具有挑战性的工作和工作的自主性。大学毕业生普遍认为他们不是被外在动机所驱动，而更多地是被内在动机驱动。

乌尔里希（Ulrich）等学者指出，目前越来越多的学生不再仅仅将市场上的价格作为投资的依据，他们的职业价值观发生了显著的改变。他将大学毕业生的择业价值观归纳出四个具体特点：第一，越来越多的毕业生认为，在他们的职业活动中内在动机是最重要的动机。他们认为，自身能够获得更高的自我满足感和成就感的重要原因在于工作中能够充分使用到自身掌握的本领。第二，越来越多的毕业生更加看重自主性的工作，包括自主安排工作目标、工作内容、工作进度等，这也构成了他们职业骄傲感的重要部分。第三，更加广泛的工作和就业条件、与同事良好的关系、有规模的休闲娱乐活动、与工作相关的资产的获得等因素越来越得到普遍的认可和看重。第四，最近的研究表明，大学生可以为了家庭和孩子方面的因素进行一定的职业牺牲。也就是说，工作的社会交流环境和外部环境将影响大学毕业生的职业选择。

随着社会的不断进步和发展，大学生在进行职业选择时越来越关注内在的因素，而不仅仅局限于收入等外在因素。在各国社会保障体系不断完善的背景下，尽管经济有不景气的可能性，但是人们基本生活保障仍然是有的，并且越来越稳固。根据马斯洛的需求层次理论，人们在进行职业选择的时候，低层次的需求得到满足后，更高层次的需求便会成为他们的方向标。

综上所述，大学生在进行职业选择的时候，“高层次”的职业选择倾向和就业动机的多样化将影响他们进行职业选择时间的长短，进而影响供需匹配的效率。

3.1.3.4 难以科学把握的“高资历”工作需求使得供求对接存在困难

高校人才培养应当以劳动力市场需求为导向，这是实现供求顺利对接的前提，即劳动力市场需求应该作为“风向标”有针对性地指导高校培养人才的过程。同时，劳动力市场的各个工作岗位应该有明确的工作内容和工作要求，以便使高校人才培养明确方向和目标。但是在现实中，想要完全掌握劳动力市场上各个工作岗位的信息是非常不容易的，常常遇到以下几个问题：

首先，对于工作要求的辨认具有不确定性。对于工作的需求，究竟是雇主来决定，还是根据专家的意见来决定，还是社会折中的结果，这个问题没有办法得到科学的回答。也就是说，并没有一个科学的理论来回答为什么某种工作岗位的需求应该是这样或者那样，这种需求是否合理，凭什么对这种需求的描述可以成为“风向标”。对此，由泰勒创造的“工作分析”似乎可以作为一种比较好的方法，但是这种方法一直颇受质疑，主要是因为不管这种工作分析是基于战略的还是基于工作流程的，它似乎更多的是凭借知识和经验进行的，而并没有给出令人信服的推理过程。目前，“胜任素质模型”似乎有取代“工作分析”的势头，但是它所依靠的资料主要来自雇主和雇员的访谈和问卷，其中涉及大量的调研对象主观上的心理认知，并不能做到完全的客观。

更重要的是，高资历工作的一大特点是工作任务的模糊性。大学毕业生作为高资历劳动者，对教育的投资较高，学历水平较高，所从事的为较高资历的工作，这类工作对素质的要求更加难以鉴别，他们不仅仅被期望完成相应的工作，同时还被期望对企业的变革做出贡献，以及处理模糊的工作任务。可以说，大学毕业生面对的工作层次越高，调动其内在素质和能力的程度就越高，而这些处于冰山以下的素质和能力是无法被衡量得非常准确和具体的。在当今知识经济时代，知识和技术成为企业的核心竞争力，企业的组织机构和管理模式也发生了巨大的改变，企业的管理模式已经由工业经济时期的科层式向扁平化、动态化方向发展。与工业经济时代不同，知识经济时代各个组织的岗位职责和权限已经不再非常明确，以往有边界的工作职责已经成为新的管理模式运行的巨大阻碍，很多工作需要团队协作来完成。而大学生劳动力作为社会的高端劳动力，是这些工作岗位的主要面向对象，工作职责的模糊性使得实现供求对接存在一定困难。

3.1.3.5 大学毕业生的工作流动性较高

大学毕业生刚刚离开校园步入社会，对于工作还缺乏辨识力，会通过不断的工作转换来保证自己的职业生涯发展。本书在北京市针对已经获得工作岗位的大学毕业生的调研发现，有15.4%的研究对象从毕业以后更换工作岗位的次数为5~9次，30.2%的研究对象为3~4次，25.5%的研究对象为1~2次，具体数据见表3.2。在这种情况下，“接受高等教育的大学生要为毕业后的一系列具体工作做好充分的准备”这一观点已经被人们所质疑，这也使高等教育为职业做准备变得愈发困难。

表3.2 调研对象自毕业后更换工作岗位的次数分布情况

更换工作岗位的次数	人数	百分比（%）
≥10	14	2.4
5~9	91	15.4
3~4	179	30.2
1~2	151	25.5
0	157	26.5

3.2 高校人才培养和劳动力市场需求对接的内涵及机制分析

3.2.1 高校人才培养和劳动力市场需求对接的内涵界定

对于高校人才培养和劳动力市场需求对接的内涵，学界尚未把其作为学术概念加以严格的界定。但是笔者认为，它是影响高等教育改革和发展的重要理念，因此必须对它的内涵进行明确的界定。

根据前面对高校人才培养和劳动力市场需求供求系统特征的分析和对“对接”一词的理解，本书将“高校人才培养与劳动力市场需求的对接”界定为，以高等教育同就业之间建立联系为目标，实现高校培养的人才在总量、结构（包括层次结构、学科专业结构、能力素质结构等）以及规格上与劳动力市场的需求之间的协调一致、相互吻合，既不存在大量大学毕业生有工作能力和工作意愿但是没有工作机会的现象，也不存在大量大学毕业生在工作岗位上与生产资料结合得不充分的现象。

3.2.2 高校人才培养和劳动力市场需求对接结构及机制分析

实现高校人才培养与劳动力市场需求对接有较为丰富的内涵，有诸多观测的角度，包括总量、结构、规格等。那么，对接的机制是怎样的呢？对接的结果又是怎样反映出来的呢？这部分主要对其“对接结构”和“运行机制”进行分析。

3.2.2.1 高校人才培养和劳动力市场需求对接结构分析

毫无疑问，高校毕业生的规模、结构、规格共同决定了高校人才培养这一供给方的状态，而对高校毕业生的需求总量、需求结构、需求规格则共同决定了劳动力市场需求方的状态。此外，如前所述，在高校人才培养与劳动力市场需求这一供求系统中，高校和大学生共同作为供给方，且大学生的就业状况将深受其职业价值观变化的影响。所以，如果我们把“高校人才培养”抽象为供给一方，则里面包含了大学生个体的职业价值观这一重要的因素。这些要素只有通过一定的方式进行连接，才能实现供需均衡。

在这里，借用“耦合”这一科技名词能很好地对这一对接结构进行说明。“耦合也叫块间联系，指软件系统结构中各模块间相互联系紧密程度的一种度量。模块之间联系越紧密，其耦合性就越强，模块的独立性则越差，模块间耦合的高低取决于模块间接口的复杂性，调用的方式以及传递的信息。”[①] 如果我们把高校人才培养和劳动力市场需求的供求双方分别看作两个模块，则这一供求结构就成为一个“系统”，我们姑且把它表述为“高校人才培养和劳动力市场需求对接系统”，供求双方之间的诸多要素实际上构成了一种较为复杂的耦合结构。如果我们把要素之间的连接用“结构链”这一相对形象的名词来表述则会发现，结构链的连接状态对于供求模块之间的耦合程度起到最直接的影响。严格来说，在这一供求系统中两个模块之间不存在孤立的一对一的结构链，这是因为各个要素之间是有着复杂的联系的。但是，各个结构链的强弱是不同的，也就是说，较强的结构链显著地影响着供求之间的耦合程度，而较弱的结构链对供求之间的耦合程度的影响不是很明显。

结合前面对高校人才培养和劳动力市场需求对接的定义，对较强的结构链进行分析会发现，有三条结构链对供求双方的耦合程度影响较为显著，第一条是高校人才培养规模同劳动力市场的需求总量之间的结构链，第二条是高校人才培养结构同劳动力市场的需求结构之间的结构链，第三条是高校人才培养规格同劳动力市场需求规格之间的结构链。同时，影响供求状态的其

① 张海藩，吕云翔．软件工程［M］．北京：人民邮电出版社，2013：348.

他变量之间呈现出非常复杂的网状关系，即不存在孤立的“一对一”的结构链，如图 3.2 所示。本书将研究这三条显著影响供求匹配的结构链，至于其他变量之间的非常复杂的网状关系，将是笔者未来研究的方向。需要特别说明的是，大学生职业价值观作为影响大学生劳动力个体的重要因素，对三条结构链的连接也起到了较为直接和重要的影响，所以，本书也将专门对大学生职业价值观的情况进行考察。

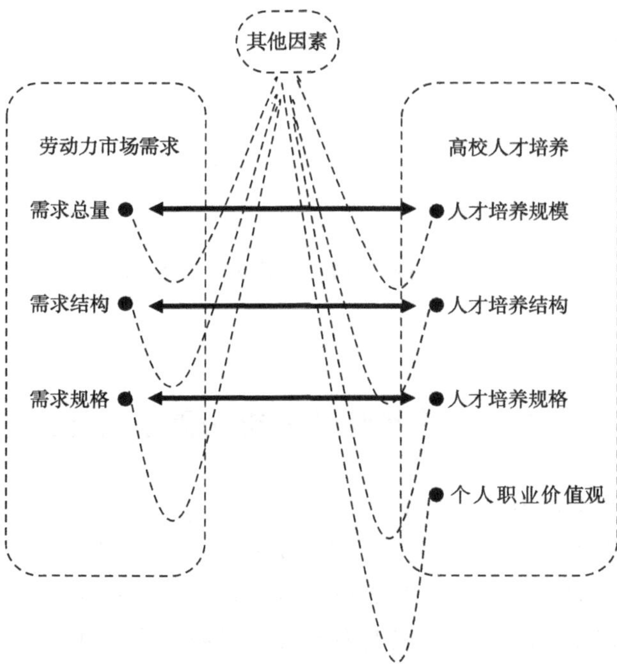

图 3.2　高校人才培养和劳动力市场需求供求系统运行示意图

3.2.2.2　高校人才培养和劳动力市场需求对接运行机制分析

首先，由于劳动力市场需求属于派生需求，其受到产品市场的影响，所以，经济生产系统首先将信息传递给劳动力市场，该信息流用“信息流 1”来表示，劳动力市场上的信息接收主体为雇主。劳动力市场进而向高校人才培养系统进行信息传递，该信息流用“信息流 2”来表示，信息接收主体有两个，一个是受教育个体即大学生，一个为高等教育机构，比如高校。对接的运行机制可以用图 3.3 表示。

此外，对于“信息流 2”而言，信息接收主体在接收信息的过程中会产生一定的时间上的延迟，我们暂且称其为时滞。高校进行学科专业、人才培养计划等调整时将产生一定的时滞，而受教育年限的存在也会产生一定的时滞，所以，当大学毕业生进入劳动力市场时，其供给总量、结构和规

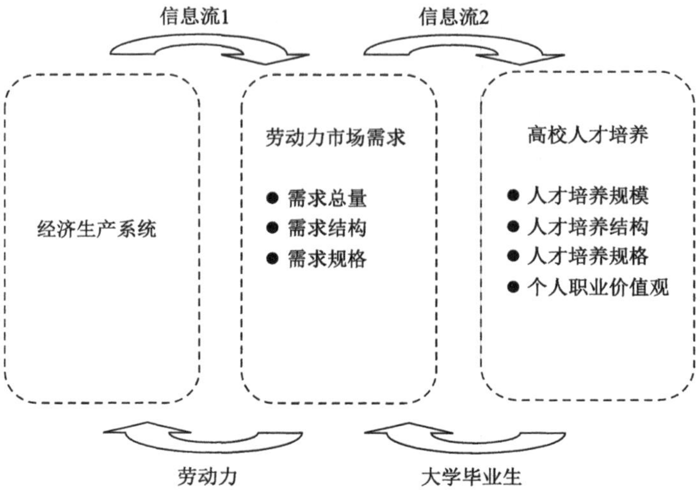

图 3.3　高校人才培养和劳动力市场需求对接运行机制示意图

格的状态都将受到时滞的影响。

3.3　高校人才培养和劳动力市场需求对接结果分析

高等教育同劳动力市场需求之间的互动受到市场对人力资源进行配置这一基本功能的影响，大学生以追求就业岗位和实现未来可持续发展为目标，用人单位获取劳动力的准则是以最小的成本获得最大的劳动力价值，劳动力市场则根据供求双方的状态实现人力资源在各行各业的配置。在完全市场的假设条件下，市场充分发挥着配置劳动力的功能，供给和需求能自发地达到均衡状态，市场完全出清，这也是大学生劳动力供求“完美”对接的状态。但是在现实中，实现这一“均衡”状态的假设条件无法满足，此外，一些制度因素未能有效发挥作用，也将对对接的结果产生影响。这一部分将对供求的对接结果进行分析。

3.3.1　对劳动力市场“均衡”与“非均衡”的认识

在市场经济条件下，劳动力供求均衡状态表现为劳动力供给能够全部被社会所吸收，而社会对劳动力的需求又得到了全部的满足，即一个国家或者地区实现了充分就业，既不存在长期失业人口，也不存在长期缺乏劳动力的行业和部门。此外，在劳动力范畴内有些失业率是不可避免的，这一失业率即“自然失业率”，也称均衡失业率，是指在整个劳动力市场上既不存在过多的劳动力需求，也不存在过多的劳动力供给的失业率。所以说，劳动力在短期内处在失业状态是正常现象。

但是，“均衡”状态的实现有以下三个假设条件：工资率具有弹性，即工资是随着供求关系的变化而变化的；劳动力供给和需求都受工资率调节，而不受供求数量的限制；市场上不会出现违背当事人意愿的劳动力过剩与劳动力短缺的现象。可以说，“均衡状态”是一种理想状态，是一种假设条件下的状态。在现实中，劳动力的短缺和过剩是普遍存在的，以上的假设条件几乎不可能实现。所以，劳动力市场“非均衡”理论解释了市场是如何保持一种稳定状态的。这种“非均衡”的稳定状态与以需求和供给正好相等为特征的稳定状态不同，其含义在于，此时的供给和需求虽然并不相等，但是市场上不具备改变这种局面的力量，劳动力市场价格相对稳定。这一状态实际上也是一种均衡的状态，但是与传统的均衡状态不同，称其为“非均衡”状态。

劳动力市场在市场经济条件下是典型的非均衡市场，原因主要有三点：首先，“工资刚性”使得价格机制不能在劳动力市场上充分发挥作用。其次，劳动力需求属于派生需求，受到产品市场需求的影响，而不仅仅受到工资的调节。再次，劳动力供给受到社会心理、主观偏好等因素影响，而不仅仅受到工资的调节。最后，经济和社会制度的限制、市场交易成本的存在以及信息不完全的共同作用使得市场经济下劳动力供求处于非均衡状态。

3.3.2 对高校人才培养和劳动力市场需求对接结果的认识

市场经济条件下的劳动力市场是比较典型的非均衡性市场，那么，高校毕业生劳动力市场自然也属于非均衡市场，也就是说，如果借用“自然失业率”的概念，则供求对接的结果应该包含两种情况，即“自然状态”下的非均衡和“非自然状态”下的非均衡（需要强调的是，在本书中，“非均衡”和“失衡”表达的是同一个含义）。供求双方的对接结果有以下特点：

首先，从具体的表现形式来看，高校人才培养和劳动力市场需求的不匹配现象可以表现为显性的失衡和隐性的失衡。

显性的失衡可以概括为大学毕业生失业现象，即存在大量大学毕业生有工作能力和工作意愿但是没有工作机会的现象。借鉴前面所分析的“自然失业率”的思想，我们可以将这一失衡状态进一步分为两种不同的状态，即“自然状态”的失衡和“非自然状态”的失衡。在自然失业率假说中，对于到底哪些失业类型属于自然失业的范畴，哪些又属于非自然失业的范畴，目前仍然无法厘清。所以，对于高校人才培养和劳动力市场需求的失衡，要想区分哪些是“自然状态”的失衡，哪些是“非自然状态”的失衡，似乎是比较困难的。尽管可以从理论上把“自然失业率”思想植入高校人才培养和劳动力市场需求这一供求系统中，计算出这一系统的自然失业率，但是限于我国统计数据的尚不完善和搜集数据的困难性，实际操作起来是比较困难的。因此，本书的分析框架舍弃这一方面，把它作为笔者未来研究的重要方向。

隐性的失衡可以概括为高等教育与职业的不匹配现象，即指存在大量大学毕业生在工作岗位上与生产资料结合得不充分的现象。高等教育与职业的不匹配问题主要分为两种情况，一种是高等教育高于工作需要，一种是高等教育低于工作需要，这两种情况的内涵是不一致的，背后的原因也是不同的，所以应该区别对待。对于高等教育与职业不匹配问题的研究，西方学者倾向于用“过度教育”和“教育不足”来进行衡量。例如，曾满超（Tsang，1987）用三种方式来测量过度教育和教育不足：测量劳动者是否满足了其就业期望；测量劳动者在其工作过程中是否完全使用了他们的教育成果；测量劳动者教育水平的回报程度如何。这样的测量方式已经在学界达成共识，对本书起到了很好的借鉴作用。关于高等教育和职业的匹配问题，本书在第7章进行具体的探讨。

其次，高校人才培养和劳动力市场需求供求系统在“自然状态”下的非均衡可能比一般的劳动力市场更高。市场机制的特点决定了国家必须运用经济手段对“失灵”的市场进行干预。弗里德曼的“自然失业率”假说说明，在资本主义生产条件下，市场失灵造成的“失业”是具有常态性的，也就是说这种“失业”是一种“可持续”正常的非均衡现象。弗里德曼认为，一国的资源数量、社会发展水平以及文化传统都会影响自然失业率。一国的失业率在短期内会围绕自然失业率上下波动，而在长期内，经济总是趋向于自然失业率。历史证明，“自然失业率”理论是有一定的依据的。在高校人才培养和劳动力市场需求供求系统的非均衡状态下，“自然状态”的失业是存在的，是由一些不可控的因素造成的。与此同时，我们也必须认识到，高校人才培养和劳动力市场需求供求系统中“自然状态”下的非均衡可能会比一般的劳动力市场的非均衡的程度更高。这是因为，大学生选择接受高等教育和毕业寻求工作之间是有一定的时间间隔的，也就是说，作为劳动力市场的供给一方，其供给行为延伸到选择高等教育投资和面向劳动力市场进行就业的全过程。可以说，大学生在选择进入高校进行人力资本投资的时候，信息的不完备使得未来的就业本身就存在很大的不确定性的风险，再加上大学生毕业寻找工作时由信息不完备导致的风险，使得这一供求系统的“自然状态”下的非均衡的程度可能高于一般的劳动力市场的非均衡。

再次，“自然状态”下的非均衡会伴随大学生内在动机和需求的变化朝不同的方向发展。前面已经分析过，大学生进行职业选择的动机比低层次劳动力的动机更为复杂，多样化的职业价值观造成了职业选择的模糊性，在找工作的过程中依靠“感觉”的情况越来越严重，这也在一定程度上提升了劳动力供求匹配的难度。与此同时，社会保障制度的不断完善会在一定程度上为大学毕业生提供生活保障，这将延长他们寻求工作的时间，从而造成失业数量的增加和失业时间的延长。由此，随着社会生产力的不断提高，高校人才培养和劳动力市场需求之间的“自然状态”非均衡状况似乎会加剧。与此同时，高校毕业生择业观变得多样化，其中比较突出的一个变化是追求职业的自我实现，这将有可能产生两种情况：第一种情况是，激发高校毕业生的创业动机，缓解毕业生失业的局面，这一方面实现了供给创造需求，另一方面也更加充分地发挥了大学毕业生的潜能；第二种情况是，高校毕业生择业动机的分散会导致各个局部劳动力市场上就业的分散，缓解竞争程度，从而减少失业的发生率。尽管上述分析是基于假设的可能性分析，但是高校毕业生的就业状况深受其就业动机变化的影响是可以肯定的。

最后，高校人才培养和劳动力市场“非自然状态”的失衡会给经济和社会带来巨大的影响。“自然状态”的失衡是由一些无法控制的因素造成的，而“非自然状态”的失衡则属于可以控制的范围内，是一些制度因素未能有效发挥作用而导致的结果，后者无疑将会造成各种不利的影响。首先，对于个人而言，接受教育是其重要的人力资本的投资方式，是其达到某一种生活状态和目标或者取得某一社会地位的重要途径。如果一个国家的大学毕业生失业现象严重，教育投资得不到回报，必将使人们对教育投资失去信心。同时，如果大量的高校毕业生在工作岗位上无法使用他们所学到的知识和技能，产生“人浮于事”的现象，则所学的知识被荒废，长久下去会使他们的竞争力衰退，同时也会使生产率水平低下。其次，在经济领域，大量的高校毕业生失业就意味着大量的劳动力不能与生产资料结合，这是对教育的巨大浪费。最后，从社会安定的角度来看，受过高等教育的人群的失业风险，远比没有受过高等教育的人群的失业风险大得多，甚至会对国家的政治产生影响。

4 高校人才培养与劳动力市场需求对接的历史考察

从现有的关于大学生就业问题的研究文献可以看到，大学毕业生的就业数量和质量一直是学界用来衡量高校人才培养和劳动力市场需求匹配效果的依据。但是，这样进行研究的逻辑前提是把“就业”情况作为评价高校人才培养与劳动力市场需求对接程度的根本标准，这个标准是否合理值得探讨。目前，学界对于以“就业”情况来评价劳动力市场和高校人才培养的匹配程度的理论探讨并不是很多。鉴于此，本书这一部分将从历史的视角揭示高校人才培养和劳动力市场需求之间的本质规律和关系，考察它们是在什么情况下产生联系的，联系的方式又是什么。本部分将先对欧洲的高等教育同劳动力市场关系的发展历史进行考察，再考察我国这一方面的情况。

4.1 高校人才培养和劳动力市场需求关系的历史演变

我国高等教育扩招以来，大学生就业难问题逐渐显现，引起社会对高等教育扩招的诟病。那么，把高校毕业生的“就业”情况作为评价高等教育优劣的主要依据，是否是科学合理的呢？这需要我们首先揭示高等教育和劳动力市场需求之间到底是什么关系。这部分尝试从历史的视角进行分析。

4.1.1 人类新的精神需求促使大学产生

“追溯大学的基督教起源背景及其信仰渊源，有助于获得一种历史视野，以使人们更深刻地领悟历史赋予大学包容并超出经济、技术之上的信仰教化使命”①，探寻大学这一社会组织最初的使命、信仰以及功能是这一问题的研究起点。恩格斯说：“中世纪是从粗野的原始状态发展而来的，它把古代文明、古代哲学、政治和法律一扫而光，以便一切都从头做起。它从没落了的

① 尤西林．大学人文精神的信仰渊源［J］．高等教育研究，2002（2）：1－5.

古代世界承受下来的唯一事物就是基督教和一些残破不全而且失掉文明的城市。”① 研究近现代大学的起源，需要我们追溯到中世纪的基督教文化背景中，去考察近现代大学同基督教文化之间的渊源。

自中世纪开始，基督教文化便成为人们的信仰源泉，这遵循了人类历史发展的客观必然性。首先，罗马帝国的政权在当时西欧经济走向衰败的历史背景下面临内忧外患，濒临崩溃。西欧社会在日耳曼人入侵之时处于一种极度无序和混乱的状态中，日耳曼人随即占领了西欧的土地，但是他们缺乏治理社会方面的经验。在这样的历史背景下，急需建立一个新的社会制度以取代古代罗马的社会制度，使无序的社会走向有序。这是一个漫长并且充满艰辛的过程，社会迫切需要一座可以帮助人们在内心点亮希望的灯塔，宗教正是在这样的历史背景下产生的。“在那个时代，宗教是唯一没有受到文明的衰落、对社会各种制度和文化传统失去信心以及对生活的希望破灭所影响的力量。无论在什么地方，真正的宗教的存在总是必然具有这种属性，因为宗教的本质正在于把人们与超越和永恒的实在联系起来。”② “宗教总是为遭受苦难的人展示出一幅足以寄托的彼岸世界，从而为人们所信奉。基督教是当时西欧唯一能压倒一切异教并具有信仰征服力的宗教。”③ 在物质世界匮乏之时，一种能够使人们超越世俗、超越欲望，从而净化内心的宗教信仰成为构筑人们精神世界的唯一材料。耶稣作为基督教的创始人奠定了基督教文化信仰在欧洲的核心地位，他对神秘的带着巫术色彩的法律、礼仪等进行否定，对现实中的种种弊端进行抨击，宣扬灵魂救赎和心灵的信仰，在当时社会物质生活匮乏的时候，使人们的精神有所寄托，其思想渗透到人们社会生活的方方面面，被生活贫苦的人们广泛接纳。在公元4世纪，基督教奠定了其在欧洲社会的母体文化地位，被欧洲人民普遍接受，进而被很多国家确定为国教。

但是，从5世纪到12世纪，基督教会在某些问题上做出了“修正”，逐渐改变了对富人排斥的态度，而让富人进入教会，由此，基督教会逐渐成为一个拥有巨大财富的实体性统治机构，并开始世俗化。当时在修复基督教信仰方面，修道院发挥了重要的作用。在9世纪，修道院开始办学。在当时，对学术的信仰态度首先源于人们对于教义的不同理解和相互的辩论，为了使古典文化更好地得以保存和传播，修道院成为当时文化教育的中心。与此同时，修道院的办学规模逐渐扩大，招生的方向也逐渐扩大，开始招收俗界的

---

① 卡尔·马克思，弗里德里希·恩格斯. 马克思恩格斯全集：第7卷［M］. 北京：人民出版社，1963.

② 道森. 宗教与西方文化的兴起［M］. 成都：四川人民出版社，1989.

③ 安长春. 基督教笼罩下的西欧［M］. 北京：中央编译出版社，1995.

学生。

教会和修道院对大学的诞生产生了非常重要的影响，至今，“学士”这一学位在一些国家仍然被称为“修士”。不论是教会还是修道院，其最初的动机是宣扬一种处世之道，宣扬一种精神①。两者产生的最初动力是传播其所宣扬的信念，可以说，基督教会在大学诞生之前扮演着承担人们精神寄托的职责②。但是逐渐地，政教合一的形态不再能代表和引领世俗社会的精神世界，基督教也逐渐堕落成为政权的一大工具，破坏了人类对于教会的精神寄托。这时，需要诞生一种新的组织承担人们的精神寄托，这一组织便是“大学”。

大学在其创立之初便承担了引领人类社会“精神世界”的功能，是“人类精神”追求的产物。美国学者房龙是这样描述大学形成的过程的：“一个明智之士对自己说，我发现了一个伟大的真理，我必须把我的知识传授给别人。无论何时何地，只要能找到几个听他宣讲的人，他就开始把自己的智慧鼓吹一番。久而久之，某些年轻人开始按时来听这位伟大导师的智慧言词，他们还带来了一个笔记本，一小瓶墨水和鹅毛笔，把他们觉得重要的东西记下来，这就是大学的起源。在中世纪，大学就是这样的教授和学生的联合体，教师就是一切，而校舍则无关紧要。”③ 在大学诞生前以及诞生初期，人们主要探讨关于人与自然之间的关系以及万物的起源，而人们的讨论是以基尔特的形式聚集的。

在中世纪，社会的分化为大学的诞生奠定了社会基础，在一些研究中，大学基尔特组织的功能被定位为打造世俗工具。大学基尔特组织产生的契机是“基督教将精神信仰教化的资格转交给大学”④，它传授知识、技艺以及精神。与此同时，城市的发展促进了人们的聚集，劳动分工的发展又为行业分工创造了条件，使得人们对于知识分享、技艺交流的需求日益膨胀。但是，大学在很长一段时间里并没有摆脱教会的影响，仍然按照修道院式的方式培养传教士。

在修道院里创办学校的主要目的还是培养传教士，进而传播宗教，教授其他知识并不是主要目的。而基尔特组织作为大学的雏形，则更像是一些好学之士聚集在一起进行经验交流。这一点在郭为藩的研究中也可以看到，他论述道：“无论是基尔特还是法人组织，中世纪欧洲的大学在性质上是一种结

① 尤西林．大学人文精神的信仰渊源［J］．高等教育研究，2002（2）：1－5.

② 尤西林．大学人文精神的信仰渊源［J］．高等教育研究，2002（2）：1－5.

③ 房龙．大学的诞生［J］//刘道玉．从大学的起源看西方教育的精髓．中国地质大学学报（社会科学版），2009（9）：1.

④ 尤西林．大学人文精神的信仰渊源［J］．高等教育研究，2002（2）：1－5.

社，或者说是一种学术性的生活社区，并以基尔特形态存在，希望得到当地政治势力或教会体制的保护。当时的大学尚非一种机构。”① 学者刘海峰等将理智基础、社会基础、社会管理基础等作为中世纪产生大学的基础，他们认为，正是大学这一组织将精神生活制度化转为另一种形式，改变了原来人们将精神生活完全置于宗教组织的状况。中世纪大学的教学方式基本上是课堂教授，教授的知识既有宗教性质的神学，也有相对的世俗知识。在15世纪之前，欧洲的书籍很少，所以，教师讲课基本上是朗诵原文，除此之外，辩论也成为中世纪大学传播知识的另一个途径。

在文艺复兴和宗教改革的影响下，社会发生了很大变化：在政治方面，公共生活的各个领域被行政机构深入，这是君主专制下的一个显著特点；在经济方面，商业的地位逐渐被工业所取代，人文主义也随即盛行。在这样的背景下，中世纪大学也发生了很大的变化，提倡摆脱具体的功利目的，开始培养“人性”。高等教育开始注重通识教育，强调人才的全面发展，而不注重为未来职业做准备。到了16世纪，大学更被具体确定为五种功能：提供通识教育；塑造社会精英；为职业培养人才；生活方式的规训；提供人生的阶段教育。与此同时，国家的介入使得大学成为为国家和教会培养人才的场所，而不仅仅是传播知识。

18世纪之后，很多大学开始设有不同的学院，其中，本科教育的课程由文学院来承担。学制的年限最初为三年，随后逐渐变为四年，各大学院都具有硕士和博士学位，学生在完成文学院的课程之后，可以到其他学院继续学习。学生可以在老师的指导下承担一部分教学工作，类似于现在助教的职务。可以说，从那时候开始，大学的体制已经具有现代大学的形态了。

4.1.2　劳动分工的深化推动高等教育同市场需求连接

19世纪初以后，大学在很多欧美国家被纳入学校系统，作为从事高深学术研究的教育机构，吸纳中等学校的优秀毕业生。与此同时，国家开始介入大学的创设，主导大学体制的调整，在这一过程中，德国和法国的大学比较具有典型意义。

在18世纪末，德国首先开始了现代大学教育体制的创立，出现了多所专业学校，这些学校内设军医学院、矿冶学院、建筑学院、艺术学院等。其中最为著名的是柏林大学和波恩大学，这些学校强调学生和老师共同开展学术科研活动，这样的教学科研模式被美国、日本以及北欧各国等效仿，这些国

① 郭为藩．转变中的大学：传统、议题与前景［M］．北京：北京大学出版社，2006.

家也逐渐兴起了研究型大学。柏林大学保持了法、哲、医、神四个学院的建制，其中，哲学院和中世纪后期的文学院相似，是规模最大的学院。学生需要在哲学院学习人文类课程，随后可以自行选择留在哲学院继续研修还是转入其他学院进行学习。

法国在进行大学创建的过程中同德国有所不同。“19 世纪之交，法国地区以政府力量创办了一些高等教育机构，这些机构就是后来声誉卓著的高等专门学院。这类高等教育机构虽然不是狭义的大学，但是学校的社会声望两百年来一直居高不坠，高等专门教育体制与传统大学体制足可分庭抗礼。值得重视的是，一开始这些机构就是以公共预算设立并维持的国家培养精英与行政干部的学府。”① 直到 17、18 世纪，教育逐渐承担起为经济社会培育专门人才的职责。受到工业革命和欧洲启蒙运动的影响，劳动分工不断深化，各领域的知识不断分化，造成学科专业的不断分化，专业教育在此时兴起以满足社会日益增加的专业人才需求。

第一台蒸汽机的发明昭示一个新的社会时代即将到来，劳动的专业化分工与协作影响着社会的每一个地方，引起了深刻的社会变革。这一过程不仅包括劳动对象和生产资料的变化，也包括在生产过程中人与人之间关系的变革以及相应的文化、制度、观念方面的变化。由此，对知识的创造不再局限在对自然界和人类自身的好奇，人们的注意力也从原来的“认识世界”向“改造世界”转变，这促使一些科学技术进一步分科。

牛润霞如此论述道：“首先，专业化分工是将生产过程本身进行分解，将各种操作工序尽可能分离、独立出来，再通过工艺学原理联系在一起，每个独立工序产生的局部职能可以由不同的人专门承担，从而形成了相互协作的新生产有机体。这种新的生产有机体组成的生产体系具有两个不同于以往任何生产体系的明显特点：一是它将原有的被少数经验丰富的手工艺作为秘诀掩盖的社会生产过程真正社会化了，从而使社会生产整体上的‘至上性’，有可能通过一系列‘非常不至上的人们’之间的协作来实现，而不是靠天才人物的个人才能来实现。换言之，这种分工是通过各种工序上的专门人才的协作来实现生产的进步和经济的发展，而不是靠传统的全能型人才来实现。有了专业化分工，许多原本只有普通智力水平的人就变成了社会生产的各种各样的生产工序上的专家，包括哲学这样的纯粹思维科学研究也开始由普通劳动智力的人来承担。这不仅潜在扩大了科学、技术从业者的供给和专业技能从业者的供给，而且还潜在扩大了科学、技术、技能的内容。”②

---

① 郭为藩．转变中的大学：传统、议题与前景［M］．北京：北京大学出版社，2006.

② 牛润霞．技术变迁中的失业问题研究［M］．北京：人民出版社，2007.

劳动的专业化分工与协作使得学习技能的过程可以以一种非常快捷的方式进行，而不需要农业社会那样的师徒制。既然传播这样的技能对企业有利，那么企业投资应该是理所应当的，教育投资应当由市场中的企业进行，对于政府为什么要成立专门的部门和组织来承担这一职责，当时还没有结论。与此同时，当政府意识到市场失灵的存在的时候，便开始介入人才培养环节。但问题是，政府的介入培养如何同市场进行挂钩呢？与工艺分解关系不是很密切的人文知识又如何进行传播呢？大学的发展恰好可以很好地解释这些问题。

政府最初为大学颁发法人资格，给予相应保护并进行投资，是为了给传播知识提供一个合法的活动场所。对于那些对技术变迁和劳动分工产生更大影响的自然科学，政府投资的力度会远远大于人文学科。由此，自然科学开始走上了分门类发展的道路。经济领域的专业化分工形成之后，文化领域也受之影响，开始了专业化分工的历程，这种专业化分工与协作的关系很快涉及社会的各个角落。

4.1.3　社会进步促使人们关注高等教育同工作关联的合理性

从20世纪中期开始，社会发展和文明进步使得现代发展观开始进入人们的视野。80年代，诺贝尔奖得主A. K. 森提出了一个新的发展理论体系，这一体系围绕着选择、权利和福利，强调自由的发展观。其中，公民的权利、社会的透明度、政治的自由、社会机会的均等、经济设施的安全性构成了经济自由的内容和重要内涵。90年代，经济合作与发展组织（OECD）提出“以知识为基础的经济”，使得人们开始广泛关注“知识经济”这一概念。此外，舒尔茨的人力资本理论的诞生也使高等教育走入社会经济的中心。

在这些理论和观念的影响下，各国政府开始认识到教育投资对经济的巨大推动作用，开始大力投资高等教育。但是同时，各国的高等教育扩张同劳动力市场需求变化的矛盾日益凸显，高等教育的投资回报率日益下降，大学毕业生失业现象愈发严重，这些矛盾促使人们重新审视高等教育的扩张行为。很多学者提出将高等教育同劳动力市场需求紧密对接等具体措施，高等教育系统也不断提升高校人才培养和市场需求的连接程度。

与此同时，人们也开始期待更加全面、综合的发展观。人们开始意识到，经济方面的提升仅仅是一种发展而不能作为全部，于是将高等教育同劳动力市场需求紧密对接这一理念开始和现实产生矛盾。很多人认为，教育的全部功能和目标不能仅仅体现在同世俗世界产生联系，这样一来，高等教育实际上只成为经济发展机器的一个“铆钉”，这使得人们重新关注起高等教育同世俗工作关联的合理性。

4.2 我国高校人才培养和劳动力市场需求的互动轨迹

与西方国家不同，我国经历了从计划经济到市场经济的发展历程。所以，本部分内容将研究的范围扩大到考察我国高校人才培养与世俗劳动的关系上，而不仅仅局限于分析市场经济制度下高校人才培养和劳动力市场需求之间的互动关系。此外，本部分主要依据我国高等教育处在不同时期的特点，对两者关系进行阶段划分。

4.2.1 以满足社会需求为目标的中国近代高等教育开端

我国的近代高等教育在洋务运动时期便开始萌芽。从 19 世纪 60 年代起，以满足国家和社会需求为目标，我国创立了专门学校，这些学校专门培养外语人才和军事人才。这些学校同传统的封建教育机构有很大的不同，它培养的是精通各国技术尤其是军事技术和语言的人才，特别是培养应对西方殖民主义者侵略所急需的人才，而不再为封建制度培养治国人才。至 1894 年前后，此类学堂总共创办了 30 余所，这些学校的培养方式完全模仿西方，主要向国外学习先进的知识和技术，增强国力。其中的一些学校已经具备现代大学的雏形，比较典型的是 1896 年前后成立的上海南洋公学、天津中西学堂和京师大学堂。

4.2.2 以满足精神与世俗需求为目标的民国高等教育

1912 年，辛亥革命的爆发使近代高等教育的发展获得了一个自由和宽松的环境。在这期间，许多教育家开始倡导我国的高校向西方学习。由教育家蔡元培制定的《大学令》是当时影响很大的一本著作，在书中，蔡元培倡导中国的大学向以注重精神、知识传播为理念的德国大学学习，书中的很多内容是“仿德国制”和“仿德国大学制”。

与此同时，郭秉文作为留美归国的教育学家任东南大学校长，在此期间，他倡导借鉴美国的高等教育，在大学学科院系设置、课程内容、管理体制等方面全面借鉴美国的大学。他鼓励大批留美学生到校任教，以美国大学为榜样，既注重应用研究和教学，也注重基础研究。

4.2.3 以满足经济和政治需求为目标的新中国高等教育

中华人民共和国成立以后，颁布了一系列的法律法规，将高校的人才培养定位为专才的培养，即培养经济社会所需要的专门技术人才。与此同时，培养同政治相关联的专门人才也成为这一时期高等教育的主要内容。

1952年5月，教育部草拟了《全国高等院系调整计划（草案）》，系统地提出了全国高等学校院系调整原则和计划，这次院系调整的主要目标是将高等教育纳入为经济建设培养专门人才的轨道，加速培养工程技术和科技人才，提高教育效率和改变教育布局的不均衡状态。1955年7月，高教部制订了《1955—1957年高等工业学校院系、专业调整、新建学校及迁校方案（草案）》，高等学校的专业结构重工轻文、重重工业轻轻工业的格局基本形成。1961年9月中共中央批准了《中华人民共和国教育部直属高等学校暂行工作条例（草案）》，提出“高等学校的基本任务……培养为社会主义建设所需要的各种专门人才”。

1977年以后，我国高等教育的定位开始由政治价值向经济价值转变，1978年3月通过的《中华人民共和国宪法》第十三条规定：“教育必须为无产阶级政治服务，同生产劳动相结合，使受教育者……成为有社会主义觉悟的有文化的劳动者。”① 1979年5月9日，国务院批转国家科委、教育部、农业部的《关于高等学校科学研究工作会议的报告》提出：“应现代化建设的需要。”② 1983年4月，教育部、国家计委在《关于加速发展高等教育的报告的通知》中指出：“为了实现党的十二大提出的奋斗纲领……迫切要求教育先行，为国家早出人才，多出人才。”③ 至此，我国高等教育逐渐由以政治为中心向以经济建设为中心转移，从注重培养政治人才向培养为“社会主义建设服务”的“专门人才”转变。1993年2月，我国颁布《中国教育改革和发展纲要》，其中明确指出：“各级各类学校要认真贯彻教育必须为社会主义现代化建设服务……努力使教育质量在90年代上一个新台阶。”④

1998年，江泽民在《庆祝北京大学建校一百周年大会上的讲话》中指出：“为了实现现代化，我国要有若干所具有世界先进水平的一流大学。这样的大学，应该是培养和造就高素质的创造性人才的摇篮。”⑤ 同年12月，国务院转批教育部《面向21世纪教育振兴行动计划》，其中指出：“要提高全民族的素质和创造能力，瞄准国家创新体系的目标，培养造就一批高水平的具有

① http：//www. moe. edu. en/edoas/websitels/75/info7875htm.

② 国家教育委员会政策法规司．十一届三中全会以来重要教育文选选编［M］．北京：教育科学出版社，1989.

③ 国家教育委员会政策研究室．教育体制改革文献选编［M］．北京：教育科学出版社，1985.

④ 西南政法大学网页。

⑤ 中华人民共和国教育部．面向21世纪教育振兴行动计划学习参考资料［M］．北京：北京师范大学出版社，1999.

创新能力的人才。”

在这一历史时期，我国高等教育的目标主要是向各行各业培养所需要的专业人才，其经济价值取向非常明显。进入21世纪之时，高等教育已经初具“人本价值”的端倪。比如，这一时期国家出台的很多政策中不再提到“培养社会主义建设需求的各行各业人才”，而改为“培养高层次人才”“培养具有创新能力的人才”等表述和内容。

4.2.4 扩招后“摇摆”的高等教育

我国的高等教育扩张始于1999年，高等教育的规模在此后的十余年间实现了迅猛的增长。同时，党和国家开始推行素质教育，为了应对新的历史时期对人才的新需求出台了一系列政策。

1999年6月，《中共中央国务院关于深化教育改革，全面推进素质教育的决定》中提出实施素质教育应该“以培养学生的创新精神和实践能力为重点、普遍提高大学生的人文素养和科学素质、坚持实现自身价值与服务祖国人民的统一”①。2001年7月，《全国教育事业第十个五年计划》重申：“教育的培养目标旨在全面提高国民素质，培养大量具有创新精神和实践能力的人才。”2007年5月颁布的“十一五”规划纲要重申“着力提高高等教育质量，努力增强高校创新与服务能力”，对于人才培养质量方面指出：“着力培养学生的创新精神和创新思维，增强学生的实践能力、创造能力、就业能力和创业能力。”以上这些政策表述反映出国家对于高校人才培养方面的新要求，更加强调高等教育要注重对个体的关注，关注人的身心健康发展。

综上，可以看到，我国高等教育和人才培养从最初的为政治目标服务逐渐转变为为经济目标服务，但是不管是为政治服务还是为经济服务，都将高等教育视为工具。在此之后，随着20世纪末我国高等教育的扩招，“人本价值”在高校人才培养的过程中逐渐被重视起来。在计划经济时期，政府组织作为重要调控机构，仿佛供给和需求之上的一个“上帝之手”，造成供求双方无法发挥天然的相互匹配的功能。这种调节从表面上看是“天衣无缝”的，但实际上并没有考虑到人的内心需求和企业真实的用人要求。随后，我国开始实行市场经济制度，市场机制逐渐形成，但是，高等教育系统并没有跟上市场机制形成和完善的步伐，仍然具有很强的“计划色彩”。与此同时，高等教育扩招带来了高校毕业生供给上的压力，大学毕业生失业问题和高等教育同职业的不匹配问题使得人们对高等教育和劳动力市场需求之间的匹配关系

① 中华人民共和国教育部网站：国务院关于深化教育改革，全面推进素质教育的决定。

提出了质疑。

4.3 小 结

通过这部分的叙述，我们可以看到，高等教育从诞生之日起就一直同社会需求紧密联系。尽管在人才培养方式和类型上各个历史时期有着不同的特点，但是人才培养始终被作为高等教育功能的重要方面。高校人才培养一直以来伴随着社会的发展和劳动力分工的发展而不断变化，但是始终没有脱离与劳动力需求的匹配和对接，而劳动力需求随着人类社会的发展变化，经历了从宗教需求到政治需求再到经济需求的发展变化，但也始终没有脱离与高校人才培养的匹配和对接。

不论是王权时代还是教权时代，大学的功能始终定位在培养传授神学知识的人才、治理国家的人才，以及传播对世界的认识等方面。这样的功能特点不仅体现在欧洲高等教育的发展过程中，还体现在我国高等教育的发展历程中。欧洲社会进入工业化时期以来，财富的来源发生了改变，由土地转向了工业，人们也开始重新认识宗教，与此同时职业观也发生了改变，由原来的纯粹侍奉上帝转变成为从事世俗劳动，这为劳动分化奠定了基础。随着民族国家的建立，高等教育逐渐被纳入国家的管理体制，为增加一国的财富服务。劳动分工促使产业调整，第一产业的地位逐渐被第二产业所取代，第三产业也迅速发展起来，成为比第二产业更重要的产业，这更促使高校承担起培养同劳动力市场需求相匹配的人才的责任。同时，政府的介入使大学真正成为培养市场需要的人才的基地。

我们可以看到，高校的人才培养在同劳动力市场需求进行供需匹配和对接的过程中，其自身也有一定的主动性和自发性。首先，劳动力市场需求不是影响专业教育发展的唯一因素，“知识”的更新也同样影响着专业教育的发展。在这个过程中，有一个关键问题是当时美国所面临的，也是目前我国所面临的，那就是职业培训机构的功能也是培养各种职业群体，大学同它的功能到底有什么区别？大学传授的知识往往同实际的工作环境缺乏联结性，这也是导致高校人才培养和劳动力市场需求失衡的重要原因。

总之，随着人类社会的不断发展，生产力水平的不断提高，政府组织和其他社会团体组织的不断介入，高等教育在不同的历史时期都显示出不同的与社会需求相匹配和对接的现象，高等教育的目标也一直发生着改变，直到今天，高等教育也在力求满足现实社会的需求。

5 我国大学毕业生就业难现状
——显性失衡的角度

大学毕业生就业难或者说大学毕业生失业现象是高校人才培养和劳动力市场需求显性失衡的主要表现，本章将对这一状况进行分析。

在我国实行“统包统分”大学生就业制度的历史时期，大学生入学率低，大学毕业生数量少，所以几乎不存在大学生“毕业即失业”的问题。但是，伴随我国20世纪80年代中期以后经济体制的改革，“统包统分”大学生就业制度的弊端开始显现，越来越不再适应经济的运行和发展。于是，对我国大学生就业制度进行改革成为迫切之举。20世纪90年代初，我国对大学生就业制度进行了改革，在《中国教育改革和发展纲要》中规定：“大部分毕业生实行在国家方针、政策指导下，通过人才劳务市场，采取‘自主择业’的就业办法。”① 自此，大学毕业生不再完全按照计划分配的方式就业，而是逐步向自主择业的方式过渡。但是在90年代中后期，还是有相当多的大学毕业生是依靠分配的方式来就业的。由于那个时期大学毕业生的规模和增长速度不是很大，大学生就业问题在总体上并不是很严重，对社会的影响也并不是很大。

实际上，社会和学界对大学生就业问题的密切关注始于1999年我国高校大规模扩招，从那个时点开始，大学生的就业问题发生了一些显著的变化，其中最突出的表现是大学生失业现象。本书重点分析扩招以来特别是近些年来我国大学生失业现象的概况，为后面章节的原因分析奠定基础。

5.1 高校人才培养和劳动力市场需求显性失衡的衡量指标

如前所述，从供求失衡的表现形式来看，可以把大学毕业生失业现象看作高校人才培养和劳动力市场需求的显性失衡状态。结合对高校人才培养和劳动力市场需求对接的分析可以发现，供求系统中的两条显著影响供求双方耦合程度的结构链影响着这一状态，一条是高校人才培养规模同劳动力市场

① http：//baike. baidu. com/link？url = vSFIHUM3KRXXln_ mJ1le – IgoTIfPoP6p2IDZXVGXavfQGqi-ekywhGToQBOxj8Hya.

的需求总量之间的结构链，另一条是高校人才培养结构同劳动力市场的需求结构之间的结构链。第一条结构链的“连接不紧密”造成了大学毕业生总量性失业，第二条结构链的“连接不紧密”则造成了大学生结构性失业。

供求是否失衡可以用一些指标来衡量。一方面，“就业率”反映了高校人才培养总量和结构的市场需求程度和预期目标的达成程度，成为反映供需匹配结果的天然指标。前面对供求系统各主体目标的分析显示：企业的目标在于以最小的成本获得最大的劳动力价值；大学生个体的根本目标是毕业后找到工作和未来更好的发展机会；私立高校帮助毕业生满足顺利就业的目标，依靠提升学生生源的评价和社会的声誉保持良好的生源，公立高校则为了获得政府资助，尽可能地满足政府的各种要求。以上这些主体目标的实现，都建立在大学生劳动力能顺利就业实现同生产资料结合的基础上。

另一方面，大学毕业生就业的区域分布和用人单位分布情况从侧面反映了劳动力市场供求结果。在我国，不同区域以及不同的用人单位性质在很大程度上决定了工作状态的差异，所以，就业的区域分布和用人单位分布情况可以从侧面反映大学生职业价值观方面的问题，也是我们需要观测的指标。

具体而言，考察因素包括大学毕业生总体初次就业率、大学毕业生分类别就业率、大学毕业生就业的区域分布及用人单位分布情况等。

5.2 高校人才培养和劳动力市场需求显性失衡程度分析

5.2.1 我国大学毕业生就业统计方式介绍

我国目前将大学毕业生的就业状况分成就业、待就业和暂时不就业三类。计入就业的有6种形式，见图5.1。

而待就业、不就业拟升学和其他暂时不就业归为没有落实就业单位的，可以称为毕业生失业者（或者“未就业者”），因此，初次就业率的计算方法就是，用已就业毕业生人数除以毕业生总数，或者毕业生总人数减去未就业毕业生人数，然后除以毕业生总人数，即

大学毕业生初次就业率 = 已就业毕业生人数/毕业生总人数 × 100%

或者

大学毕业生初次就业率 = （毕业生总人数 - 未就业毕业生人数）/毕业生总人数 × 100%

这样的就业率统计目前受到了不少质疑。首先，我国关于就业率统计数字的复杂性和敏感性使得人们很难掌握关于我国大学生就业状况的权威统计数据。此外，高校毕业生就业统计的方法、内容、价值导向等有很多限制，没办法完全客观地反映我国高校毕业生的实际就业状况和就业质量，社会和

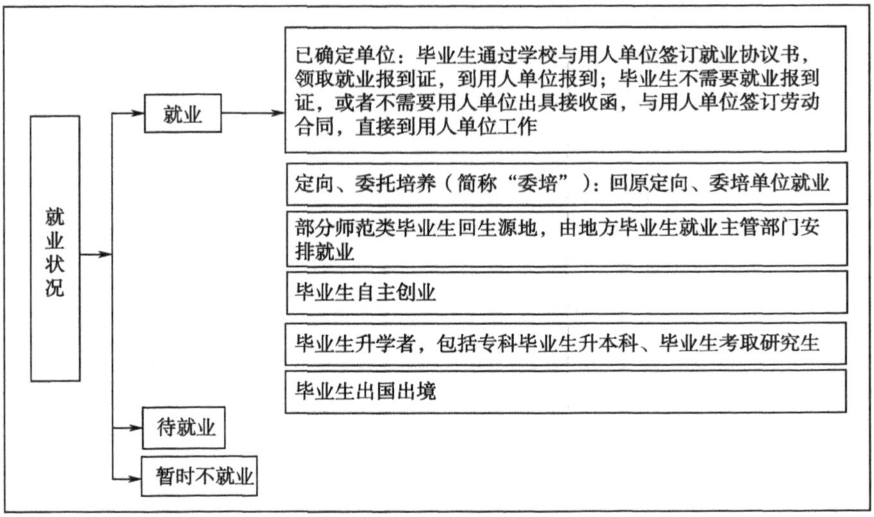

图 5.1　我国大学毕业生就业状况分类

学界普遍认为不够精准。特别是在有教育部就业率指标要求压力的情况下，为了完成任务，部分大学通过各种方式实现大学毕业生签约，但大学毕业生实际上并未就业，使得部分就业率统计存在假象。如果考虑这些因素，目前的大学生就业率统计数字可能会更低。所以学界普遍认为，我国高校毕业生的平均就业率水平在近年来是呈现下降趋势的。

5.2.2　显性失衡状态的衡量标准

用就业率来判断高校人才培养和劳动力市场需求的显性失衡状态需要把握一定的标准，即需要设置一定的参数指标。从笔者所掌握的文献资料来看，目前只有瞿振元、谢维和（2010）在研究大学生就业问题时提出过一个参照标准。他们以大学生的初次就业率指标作为参照，把大学毕业生就业状况分为“就业紧张”“就业压力”“就业宽松”“供求失衡”四种类型，具体的标准如图 5.2 所示。

在国际上，根据失业对一国经济社会的影响程度将失业分为四种类型：失业率低于 5% 为“无警情失业”；失业率在 6% 至 9% 之间为“轻警情失业”；失业率在 10% 至 19% 之间为“重警情失业”；失业率超过 20% 为“巨警情失业”①。综合看来，笔者认为瞿振元、谢维和所定的衡量大学毕业生就业状况的标准偏低。

笔者注意到，全国高等学校学生信息咨询与就业指导中心每年公布的全国普

① 胡学勤．劳动经济学［M］．北京：高等教育出版社，2007.

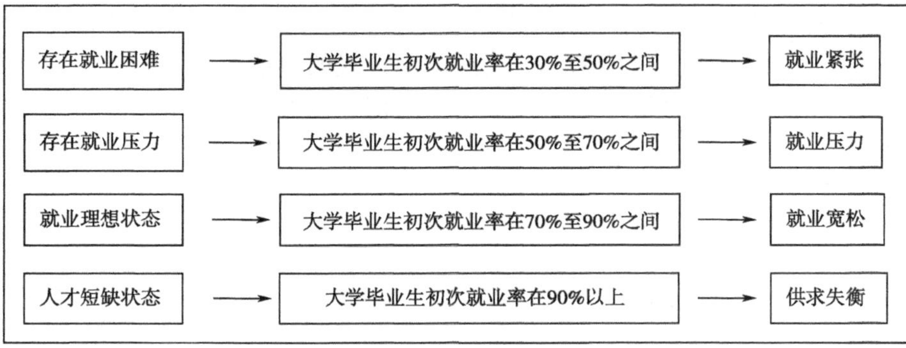

图 5.2 瞿振元、谢维和的就业程度判断标准

资料来源：瞿振元，谢维和．2000—2002 年中国高等学校毕业生就业形势的分析与预测［M］．北京：北京师范大学出版社，2010：8.

通高校规模以上专业初次就业率情况是以 5% 作为区间跨度进行统计的，说明这样一个区间跨度是有一定合理性的。综合考虑我国的国情和人们对大学生失业承受程度等因素，对于以就业率为观测指标来衡量高校人才培养和劳动力市场需求显性失衡，笔者设定了供求匹配程度参数标准，如图 5.3 所示。需要特别说明的是，设置这一参照标准的初衷是将不同的就业率指标划分在不同的区间之内，以便说明供求失衡的大体程度，而对于失业状态的“文字描述”则仅仅起到区分各个区间的作用。

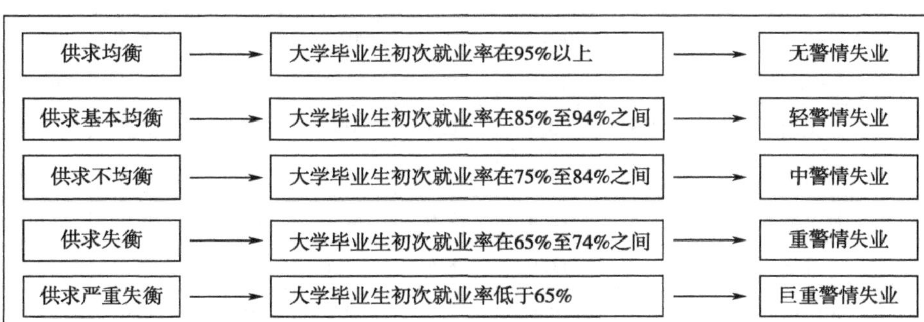

图 5.3 笔者设定的供求匹配程度参数标准

5.2.3 高校人才培养和劳动力市场需求显性失衡的程度判断

5.2.3.1 高校人才培养和劳动力市场需求在总量上处于“供求不均衡”状态

从 1999 年以来的全国大学毕业生初次就业率来看（见图 5.4），就业率水平总体上在 75% 左右。1998 年至 2000 年的三年，全国大学毕业生初次就业率呈上升趋势，从 76. 8% 上升至 82% ，而 2001 年则猛然下降至 70% ，此后呈现了上下波动的态势。总体来说，按照前面设置的参照标准，高校人才培养和劳动力市场需求在总量上处于“供求不均衡”状态，大学毕业生失业现象较为严重。

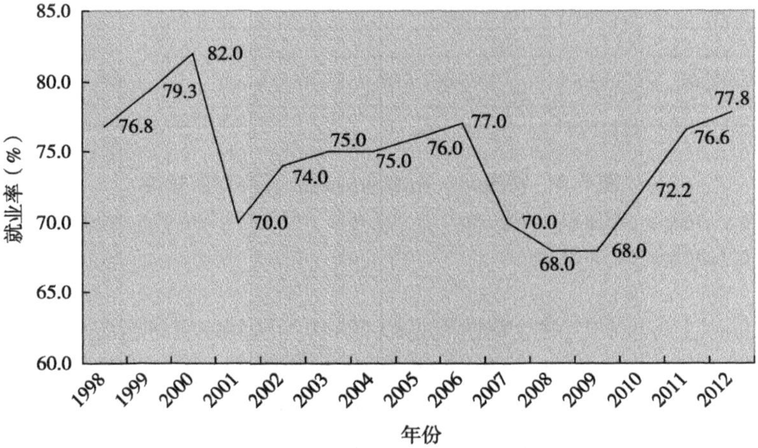

图 5. 4　1998—2012 年全国大学毕业生初次就业率统计

资料来源：我国人力资源和社会保障部及教育部的官方数据。

近年来大学毕业生初次就业状况如表 5. 1 所示。

表 5. 1　2004—2010 年大学毕业生就业状况汇总表　　单位:%

毕业去向		2004 年	2005 年	2006 年	2007 年	2008 年	2009 年	2010 年
就业	已确定单位	51. 2	45. 8	49. 1	52. 2	53. 6	56. 2	63. 7
	自主创业	0. 3	0. 5	0. 5	0. 3	0. 1	0. 2	0. 2
	自由职业	2. 1	2. 5	3. 2	3. 8	3. 6	0. 9	0. 9
	其他灵活就业	12. 3	12. 4	17. 0	14. 1	16. 8	15. 6	12. 2
	升学	11. 0	11. 0	8. 6	7. 1	6. 4	7. 3	7. 5
	出国出境	0. 5	0. 6	0. 5	0. 6	0. 8	0. 8	0. 9
	其他	0. 1	—	—	—	—	—	—
待业	待就业	20. 1	25. 7	20. 1	20. 9	17. 7	18. 5	14. 4
	不就业拟升学	0. 6	0. 3	0. 1	0. 1	0. 1	0. 1	0. 1
	其他暂不就业	1. 8	1. 2	0. 9	0. 9	0. 9	0. 4	0. 1
合计		100	100	100	100	100	100	100

资料来源：《全国高校毕业生就业状况（2004—2008）》《全国高校毕业生就业状况（2009—2010）》，北京大学出版社。

可以看到，从2004年到2010年，每年6月底已经确定工作单位的毕业生比率分别为51.2%、45.8%、49.1%、52.2%、53.6%、56.2%、63.7%。结合我国近年来以百万计的大学毕业生总数来看，到每年6月份，有数十万甚至上百万的大学毕业生不能落实工作。此外，麦可思[①]公司对2012届和2013届应届毕业生进行了就业状况调查，结果显示2012届本科毕业生截至2012年6月底的签约率为42%，而2013届毕业生（2012年12月12日至2013年1月11日）的签约情况为：高职高专毕业生签约率为35%，低于上届同期9个百分点；本科毕业生签约率为38%，低于上届同期8个百分点；硕士毕业生签约率为29%，低于上届同期7个百分点[②]。综上所述，本书认为，近年来大学生的就业率处于一个不高的水平。

5.2.3.2 高校人才培养和劳动力市场需求在结构上供求状态差异明显

(1) 专科毕业生供求失衡程度明显高于其他学历层次毕业生

如表5.2所示，2004—2010年，不同层次高校毕业生的就业率有很大差异。整体而言呈现出学历越高，初次就业率水平越高的特点，即硕士生高于本科生，本科生高于专科生。各年份本科生的初次就业率在80%到87%之间浮动，平均值为82.8%；各年份专科生的初次就业率均低于本科生的初次就业率，平均值为75.2%，本、专科之间的就业率差异明显。2004—2010年的硕士生初次就业率均高于本科生初次就业率，并且差距较大，分别为7.8%、10.9%、7.4%、4.0%、1.9%、3.9%和1.5%。按照前面设置的参数标准，硕士毕业生处于“供求基本均衡”状态，本科毕业生处于“供求基本均衡”与“供求不均衡”之间的临界状态，而专科毕业生则处于“供求不均衡”和“供求失衡”之间的临界状态。

表5.2 2004—2010年分学历大学毕业生初次就业率 单位:%

学历	2004年	2005年	2006年	2007年	2008年	2009年	2010年
硕士	91.9	92.6	90.0	84.3	84.2	85.9	87.9
本科	84.1	81.7	82.6	80.3	82.3	82.0	86.4
专科	69.0	62.1	74.3	75.5	80.3	80.1	84.8
合计	77.5	72.8	78.8	78.1	81.3	81.0	85.4

资料来源：《全国高校毕业生就业状况（2004—2008）》《全国高校毕业生就业状况（2009—2010）》，北京大学出版社。

① 麦可思是专业的，唯一得到政府、学术界、商业机构和社会公众共同认可的，有良好公信力的第三方教育数据咨询和评估机构，其年度《中国大学生就业报告》（就业蓝皮书）为教育部、各省政府的教育主管部门、高等教育研究机构、清华大学等知名高校广泛参考和引用。

② 麦可思．中国大学生就业报告［M］．北京：社会科学文献出版社，2013.

除此之外，通过不同层次高校毕业生的数量及占全体毕业生的比例状况（见表5.3）可以发现，2004—2010年的大学毕业生中，本科毕业生最多，高职、高专毕业生其次，而两者的数量占到全体毕业生总数的九成以上，所以在某种程度上，我国本、专科生毕业生的就业率情况基本决定了我国大学毕业生的总体就业率情况。

表5.3　2004—2010年不同层次高校毕业生数及所占比例　　单位：万人

年份	毕业生总数	高职、高专毕业生	本科毕业生	研究生毕业生
2004年	254（100%）	120（47.2%）	119（46.9%）	15（5.9%）
2005年	326（100%）	147（45.1%）	160（49.1%）	19（5.8%）
2006年	404（100%）	173（42.8%）	205（50.7%）	26（6.5%）
2007年	479（100%）	200（41.8%）	248（51.8%）	31（6.4%）
2008年	546（100%）	226（41.4%）	286（52.4%）	34（6.2%）
2009年	568（100%）	246（43.3%）	285（50.2%）	37（6.5%）
2010年	613（100%）	259（42.3%）	316（51.5%）	38（6.2%）

资料来源：根据国家统计局各年度统计数字计算整理。

（2）不同学科专业毕业生供求失衡程度差异明显

从分学科就业率情况来看，根据2004—2010年的初次就业率统计数据（见表5.4），可以将学科分为以下几种类型：第一类是平均初次就业率高于85%的学科，只有工学一个学科，该学科2004—2010年的就业率分别为82.0%、84.3%、83.8%、85.6%、87.2%、83.9%、88.9%，按照前面设置的参数标准，工学毕业生“供求基本均衡”；第二类是平均初次就业率在75%至84%之间的学科，有哲学、经济学、文学、历史学、理学、农学、管理学、军事学，这些学科基本上处于“供求不均衡”的状态；第三类是平均初次就业率在65%至74%之间的学科，有法学、教育学和医学，这些学科基本上处于“供求失衡”的状态。

表5.4　2004—2010年分学科大学毕业生初次就业率　　单位:%

学科	2004年	2005年	2006年	2007年	2008年	2009年	2010年	7年平均值
哲学	86.6	86.6	83.7	78.7	75.5	67.6	70.8	78.5
经济学	78.6	74.8	80.5	78.9	81.9	80.9	85.7	80.2
法学	69.7	66.7	70.6	74.2	76.2	73.6	76.4	72.5
教育学	65.0	57.1	66.3	75.2	76.4	74.2	78.4	70.4

续表

学科	2004 年	2005 年	2006 年	2007 年	2008 年	2009 年	2010 年	7 年平均值
文学	74.4	69.6	75.8	77.8	80.4	79.0	82.6	77.1
历史学	80.9	77.2	78.8	77.2	77.1	71.1	74.2	76.6
理学	81.1	76.9	79.2	79.9	81.1	75.4	80.5	79.2
工学	82.0	84.3	83.8	85.6	87.2	83.9	88.9	85.1
农学	76.9	74.8	80.2	80.5	80.8	77.5	79.8	78.6
医学	71.3	66.2	70.8	77.0	77.3	75.3	77.9	73.7
管理学	77.0	72.1	79.9	80.6	82.9	80.6	86.1	79.9
军事学	49.3	63.3	61.7	95.8	92.5	83.9	86.8	76.2
合计	77.5	72.8	78.8	78.1	81.3	81.0	85.4	79.3

资料来源：《全国高校毕业生就业状况（2004—2008）》《全国高校毕业生就业状况（2009—2010）》，北京大学出版社。

如果结合毕业生数量来看，由表 5.5 可以看出，2010 年就业率水平较低的三个学科哲学、历史学、农学的大学毕业生占毕业生总数的比例是非常低的，分别为 0.04%、0.21% 和 1.63%。可以说，这些学科的就业率对大学毕业生总体就业率的影响不大。

表 5.5　2010 年不同学科毕业生数和所占比例

学　科	人　数	比率（%）
哲　学	758	0.04
经济学	84 853	4.79
法　学	76 825	4.33
教育学	104 418	5.89
文　学	241 808	13.64
历史学	3 666	0.21
理　学	49 986	2.82
工　学	471 874	26.61
农　学	28 852	1.63
医　学	247 510	13.96
管理学	462 422	26.08
合　计	1 772 972	100.00

以上主要针对普通本科大类的就业率进行判断，那么，本科大类下的二级、三级学科的就业状况如何呢？我们需要继续进行研究和分析。

从2011年208个专业的本科毕业生的初次就业状况（见表5.6）可以看出，11个学科下各专业门类的就业率呈现出非常大的差异，在全部208个专业中，初次就业率均超过95%的有12个，这些专业的毕业生处于“供求均衡”状态，比例占到5.8%；初次就业率介于85%和94%之间的总计有135个，占专业总数的64.9%，这些专业处于“供求基本均衡”状态；初次就业率介于75%和84%之间的总计有56个，占专业总数的26.9%，这些专业处于“供求不均衡”状态；初次就业率介于70%和74%之间的总计有5个，占专业总数的2.4%，这些专业处于“供求失衡”状态。从各学科的角度来看，经济学、哲学、历史学、农学的全部专业的就业率都超过了80%，医学5个专业、教育学5个专业的就业率低于80%，占各自学科所有专业的比例较大，分别为35.7%和41.7%。

表5.6 2011年大学部分本科专业初次就业率区间分布 单位：个

区间	哲学	经济学	法学	教育学	文学	历史学	理学	工学	农学	医学	管理学	合计
≥95%	0	0	0	2	0	0	0	10	0	0	0	12
90%至94%	0	1	0	0	4	0	5	49	3	0	5	67
85%至89%	0	6	1	2	12	0	11	14	5	2	15	68
80%至84%	1	1	4	3	11	1	8	0	2	7	2	40
75%至79%	0	0	2	4	3	0	1	1	0	4	1	16
70%至74%	0	0	1	1	2	0	0	0	0	1	0	5
专业总数	1	8	8	12	32	1	25	74	10	14	23	208

注：此就业状况依据为每年9月初应届本专科毕业生初次就业率统计数据。

资料来源：根据全国高等学校学生信息咨询与就业指导中心2012年6月公告数据归纳计算。

另外，根据麦可思公司的调查，2009届、2010届、2011届的本科、高职高专毕业生失业率居前十名的专业见表5.7和表5.8。在本科毕业生失业率前十名的专业中，临床医学两年上榜，动画、法学、数学与应用数学、生物技术连续三年上榜；而在高职高专毕业生失业率前十名的专业中，临床医学、小学教育、影视动画、人物形象设计、装潢艺术设计五个专业两年上榜，而法律事务专业则连续三年上榜。

表 5.7 本科毕业生失业率居前十名的专业 单位:%

2009 届	失业率	2010 届	失业率	2011 届	失业率
临床医学	23.1	美术学	15.6	生物科学与工程	14.9
动画	22.5	音乐学	15.0	美术学	14.7
应用物理学	20.7	临床医学	14.5	数学与应用数学	14.5
运动训练	19.7	环境科学	14.2	法学	14.2
法学	19.5	物理学	14.0	教育学	13.4
中医学	18.4	法学	13.2	历史学	13.0
园艺	18.4	体育教育	13.0	应用心理学	13.0
生物技术	18.1	数学与应用数学	12.8	动画	12.9
生物科学与工程	17.9	动画	12.6	生物技术	12.8
数学与应用数学	17.9	生物技术	12.4	地理信息系统	12.8

资料来源：麦可思．中国大学生就业报告［M］．北京：社会科学文献出版社，2013.

表 5.8 高职高专毕业生失业率居前十名的专业 单位:%

2009 届	失业率	2010 届	失业率	2011 届	失业率
临床医学	28.5	临床医学	30.7	韩语	27.8
法律事务	21.7	法律事务	19.2	艺术设计	20.3
金融保险	19.7	英语教育	16.3	影视动画	17.8
电脑艺术设计	19.7	小学教育	16.1	广告设计与制作	16.9
计算机多媒体技术	17.7	艺术设计	15.2	新闻采编与制作	16.2
小学教育	17.7	动画设计与制作	15.1	法律事务	16.1
影视动画	16.9	人物形象设计	14.3	产品造型设计	15.7
人物形象设计	16.6	园林技术	13.9	装潢艺术设计	14.5
动画设计与制作	16.5	畜牧兽医	13.2	应用英语	13.5
装潢艺术设计	16.4	金融管理与实务	12.6	装饰艺术设计	12.8

资料来源：麦可思．中国大学生就业报告［M］．北京：社会科学文献出版社，2013.

此外，麦可思中国大学生就业研究课题组发布的 2013 年中国大学生就业报告中，对 2009 届、2010 届、2011 届、2012 届毕业生连续失业量最大的专业做了统计分析，发布了 2013 年中国本科及高职高专“红黄绿牌”毕业生专业（见表 5.9）。这里不再对各专业的供求均衡状态进行划分。总体而言，不同学科专业毕业生供求失衡程度差异明显。

表 5.9　2013 年中国本科及高职高专“红黄绿牌”毕业生专业

本　科			高职高专		
红牌专业	黄牌专业	绿牌专业	红牌专业	黄牌专业	绿牌专业
动画	计算机科学与技术	地质工程	法律文秘	计算机网络技术	道路桥梁工程技术
法学	艺术设计	港口航道与海岸工程	计算机科学与技术	计算机信息管理	生产过程自动化技术
生物技术	电子信息科学与技术	船舶与海洋工程	国际金融	物流管理	应用化工技术
生物科学与工程	公共事业管理	石油工程	工商管理	商务英语	焊接技术及自动化
数学与应用数学	信息管理与信息系统	采矿工程	法律事务	临床医学	供热通风与空调工程技术
体育教育	工商管理	油气储运工程	汉语言文学教育		
生物工程	汉语言文学	矿物加工工程	计算机应用技术		
英语	国际经济与贸易	过程运备与控制工程	电子商务		
美术学		审计学	会计电算化		

资料来源：麦可思．中国大学生就业报告［M］．北京：社会科学文献出版社，2013.

5.3　大学毕业生就业区域及用人单位分布情况分析

5.3.1　大学毕业生在东部地区就业的比例明显高于中西部地区

从我国大学毕业生在不同地区就业的状况来看（见表 5.10），整体上大学生偏爱的就业地区呈现出东部 > 中部 > 西部的分布。大学毕业生在东部地区就业的比重最大且相对稳定，保持在 43% 至 46% 左右的比例，而在西部地区和中部地区的就业比重则有小幅上升的态势，西部地区从 18% 上升到 22.1%，中部地区从 24.1% 上升到 27.9%。

表 5.10 2004—2010 年毕业生就业地区分布 单位:%

地区	2004 年	2005 年	2006 年	2007 年	2008 年	2009 年	2010 年
京津沪地区	12.7	11.8	9.7	9.3	8.3	7.3	7.0
东部地区	45.2	44.5	45.5	43.4	44.6	43.1	43.0
中部地区	24.1	23.8	25.9	27.2	27.8	28.4	27.9
西部地区	18.0	19.9	18.9	20.1	19.3	21.2	22.1
总计	100.0	100.0	100.0	100.0	100.0	100.0	100.0

资料来源:《全国高校毕业生就业状况(2004—2008)》《全国高校毕业生就业状况(2009—2010)》,北京大学出版社。

5.3.2 大学毕业生在企业就业的比例明显高于其他性质单位

图 5.5 和图 5.6 显示了我国大学毕业生 2004 年和 2010 年就业单位的总体概况。很明显,大学毕业生在企业就业的比例明显高于其他性质单位,整体上占到了毕业生总数的一半以上,这两年的比例分别为 49.5% 和 68.3%,呈现升高的趋势。大学毕业生在机关就业的比例非常小,这两年在机关就业比例分别为 3% 和 1.6%;在事业单位就业的比例则为 23.8% 和 11.2%,两者都呈现下降的趋势。此外,其他灵活就业的比例相对稳定,自由职业的比例略有下降,而在部队、农村就业和自主创业的比例始终都很低。

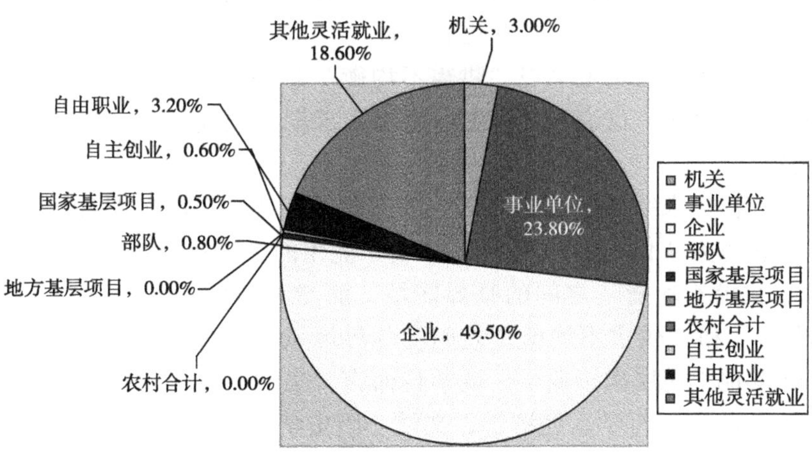

图 5.5 2004 年高校毕业生就业单位的类型比重

资料来源:《全国高校毕业生就业状况(2004—2008)》,北京大学出版社。

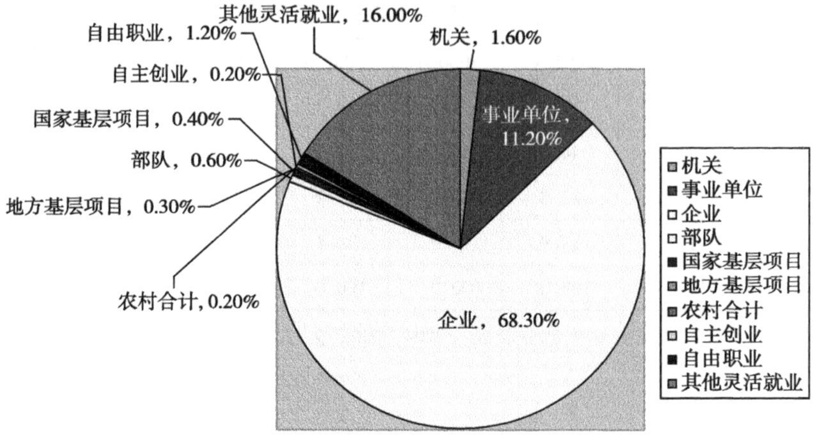

图 5.6　2010 年高校毕业生就业单位的类型比重

资料来源：《全国高校毕业生就业状况（2009—2010）》，北京大学出版社。

5.4　小　结

自 20 世纪末以来，我国高等教育扩招使大学生就业的状况发生了很大的改变。一方面，国家的教育资源面向更加广泛的人群开放，高等教育实现由精英化向大众化转变。另一方面，国家对于大学生就业政策由统一分配向自主就业转变。由前面的分析我们看到，当前我国高校人才培养和劳动力市场需求的显性失衡主要表现在以下几个方面：

第一，在供求总量上呈现“供需不均衡”状态，大学生失业现象较为严重。根据前文分析，这说明显著影响供求系统耦合程度的第一条结构链“连接不紧密”。

第二，在供求结构上呈现明显的状态差异。就学历层次而言，硕士毕业生的供求状态为“供求基本均衡”，本科毕业生的供求状态处在“供求基本均衡”与“供求不均衡”之间的临界区域，而专科毕业生的供求状态则处在“供求失衡”和“供求不均衡”之间的临界区域，专科毕业生供求失衡程度明显高于其他学历层次毕业生；就学科而言，工学专业毕业生处于“供求基本均衡”的状态；哲学、经济学、文学、历史学、理学、农学、管理学、军事学学科基本上处于“供求不均衡”的状态；法学、教育学和医学学科基本上处于“供求失衡”的状态；就专业数量而言，5.8% 的专业为“供求均衡”状态，64.9% 的专业为“供求基本均衡”状态，26.9% 的专业为“供求不均衡”状态，2.4% 的专业为“供求失衡”状态。这说明显著影响供求系统耦合程度的第二条结构链“连接不紧密”。

第三，从大学生在不同区域和不同单位性质就业的人数比例来看，在东部地区就业的比例明显高于中西部地区，而在企业就业的比例则明显高于其他性质单位。此外，在机关和事业单位就业的比重呈现下降的态势。

大学毕业生是劳动力市场主体的重要组成部分，其个人的知识、技能、素质、观念和就业目标等都深受高校人才培养过程的影响，与此同时，大学毕业生在劳动力市场寻求工作的时候又受到劳动力市场需求规模、结构、环境等影响。大学生就业制度的市场化进程以及大学生劳动力的合理配置过程都需要一定的时间，这是市场经济的正常现象，但是，我国近年来的大学毕业生失业现象确实有一些制度上的原因，比如高等教育规模、高等教育体制、劳动力市场需求结构等。如何在这些原因中找到问题的症结，是把握高校人才培养和劳动力市场需求对接问题的重要内容，也是有效解决大学生失业问题的关键。

6 高校人才培养和劳动力市场需求显性对接失衡原因分析

高校人才培养和劳动力市场需求显性对接失衡表现为大学毕业生失业，在上一章中，我们已经对这一现象进行了概述。高校这一供给方的人才培养状态由人才培养规模和结构、个人职业价值观等因素决定，劳动力市场需求方的状态则由高校毕业生的需求总量、需求结构等决定。此外，经济生产系统首先对劳动力市场需求产生影响，进而影响供求之间的对接。那么，在这些决定高校人才培养和劳动力市场需求对接的各种因素中，有哪些导致了供求的显性失衡呢？本书这部分将对此展开分析。

6.1 总量性失衡角度的原因分析

前面的分析表明，我国高校人才培养和劳动力市场需求在总量上呈现“供求不均衡”的状态，说明供求系统的第一条结构链“连接不紧密”。以下分别从高校人才培养规模和劳动力市场需求总量两方面进行原因分析。

6.1.1 我国高校扩招不是造成大学毕业生失业现象的根本性原因

从我国大学生初次就业率和失业人数来看，近年来，大学生劳动力市场上似乎呈现出比较明显的“供过于求”的局面。由此，在讨论起大学毕业生失业问题的时候，很多学者都把矛头直指自20世纪末开始的我国高校的扩招，他们认为，扩招无疑使大学毕业生的人数迅速增长，造成较低的就业率。那么，导致我国大学毕业生失业问题的根源是高校扩招吗？这是我们首先应该讨论的问题。

由图6.1和图6.2我们可以看到，自高校扩招以来，不论是我国普通高校的本、专科生招生规模还是研究生招生规模一直呈现迅速增长的趋势。1998—2012年，本、专科招生规模年均增长率为14.2%，其中增长率最高的一年达48.1%。与此同时，研究生招生规模以年均16.4%的速度增长，其中增长率最高的一年达44.4%。此外，从图6.3我国高等教育毛入学率来看，

1999 年我国高等教育毛入学率是 10.5%，到 2012 年时则已增至 30%，毛入学率增长了近 2 倍。

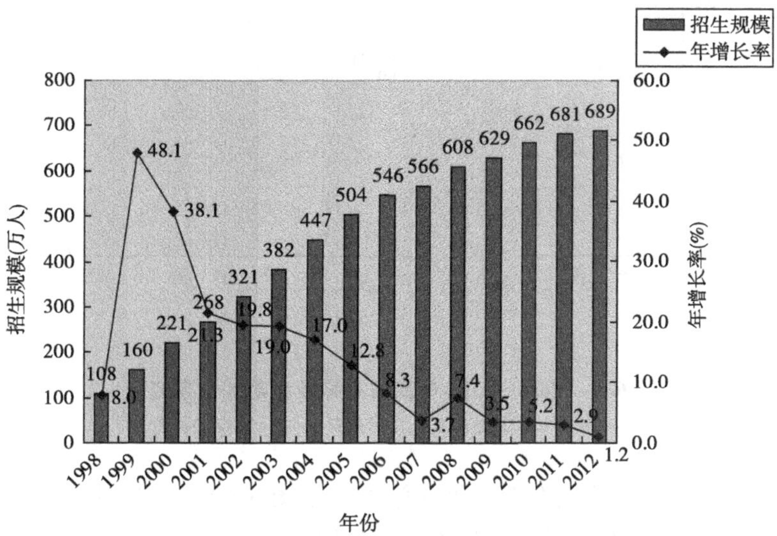

图 6.1　1998—2012 年我国普通高等教育本、专科生招生规模变化

资料来源：根据 1998—2012 年全国教育事业发展统计公报数据整理计算。

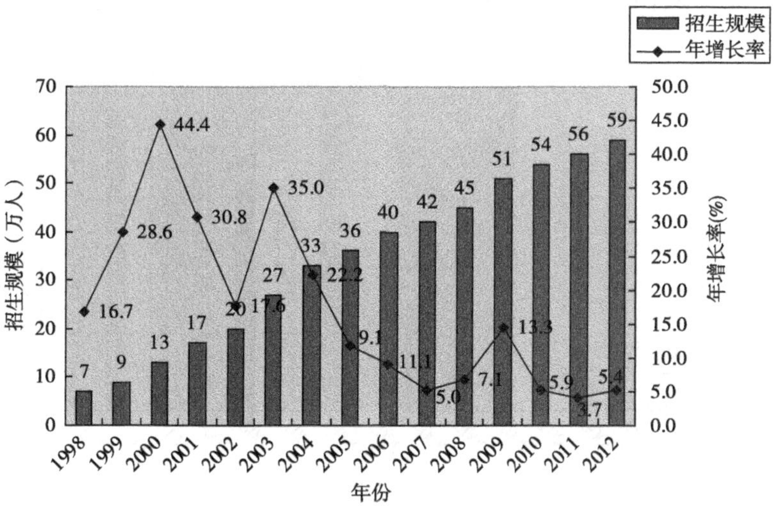

图 6.2　1998—2012 年我国普通高等教育研究生招生规模变化

资料来源：根据 1998—2012 年全国教育事业发展统计公报数据整理计算。

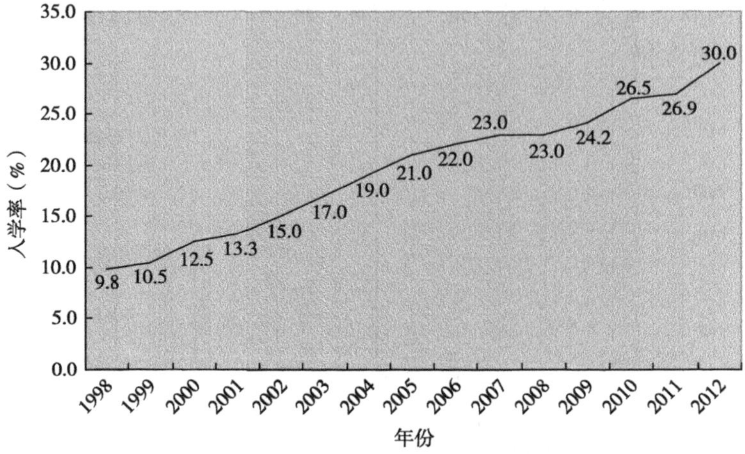

图 6.3　1998—2012 年我国高等教育毛入学率变化

资料来源：根据 1998—2012 年全国教育事业发展统计公报数据整理计算。

从 1998—2013 年我国大学毕业生总数（见图 6.4）来看，自 1999 年以来，我国高校毕业生数量呈波动上升趋势，在 2001 年之前，毕业生数量增长缓慢且比较稳定，自 2001 年起则开始呈现快速增长的态势，2002 届毕业生较 2001 届增长了 31 万人，2003 届毕业生较 2002 届增长了 57 万人。毕业生数量在这两年急剧增长的原因是显而易见的，1999 年作为高校扩招的始年，本、专科生在三四年后毕业，从而造成了这两年毕业生数量的剧增。如果把时间线进一步

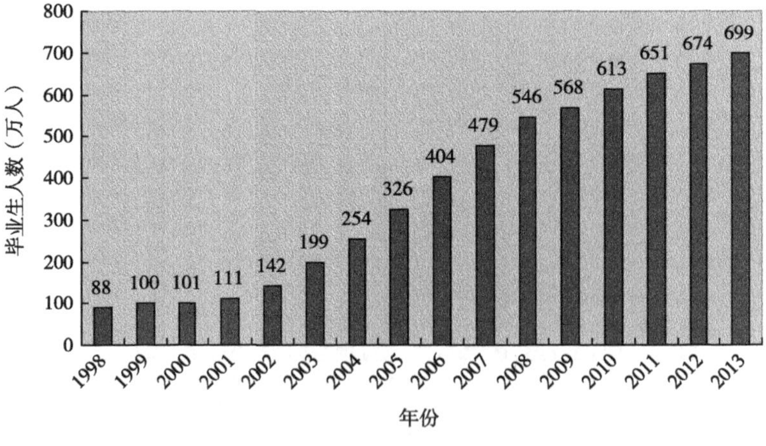

图 6.4　1998—2013 年我国大学毕业生总数

资料来源：1998—2012 年数据根据各年度全国教育事业发展统计公报数据计算（大学毕业生总数 = 研究生毕业生数 + 普通高校本专科毕业生数），2013 年数据来自教育部《关于做好 2013 年全国普通高等学校毕业生就业工作的通知》。

拉长来看，2001—2013 年，高校毕业生数量增长了 5 倍多，从 111 万猛增至 699 万。我国大学毕业生数量自扩招年起每年都保持了很高的增长速度，这很容易造成大学生劳动力在短期内供大于求的态势，使就业率走低。所以，自扩招以来大学毕业生初次就业率的较低水平同高校毕业生数量的迅猛增长有着比较直接的因果关系。

但是，从长远来看，该如何评价我国高等教育规模的扩张呢？这就需要我们采用国际对比以及逻辑推理的方式，从更加宏观的角度考察我国高等教育的情况。

高等教育毛入学率是反映高等教育规模的一个重要指标，它反映了高等教育的增量。表 6. 1 显示了不同国家 1996 年的高等教育毛入学率情况，对比图 6. 3 可以看到，我国 2003 年相当于墨西哥 1996 年的水平，2007 年相当于匈牙利 1996 年的水平，这两个国家均不属于发达国家之列，而我国同英、美、法、日等发达国家相比差距则更大。有学者指出，即使我国的高等教育毛入学率每年以一个百分点的速度增长，还需要 40 年的时间才能追赶上发达国家 67% 的毛入学率水平①。

表 6. 1　不同国家 1996 年的毛入学率及每十万人拥有大学生数

国　家	毛入学率（%）	每十万人拥有的大学生数（人）	国　家	毛入学率（%）	每十万人拥有的大学生数（人）
美　国	80. 9	5 341	澳大利亚	79. 8	5 682
加拿大	87. 3	5 953	马来西亚	11. 7	1 048
菲律宾	29. 0	2 958	英　国	52. 3	3 237
日　本	40. 8	3 131	法　国	51. 0	3 541
新西兰	62. 6	4 511	匈牙利	23. 6	1 903
意大利	46. 9	3 299	俄罗斯	42. 8	3 006
德　国	47. 2	2 603	新加坡	38. 5	2 730
越　南	6. 9	678	韩　国	67. 6	6 106
泰　国	22. 1	2 252	瑞　典	50. 3	3 166
埃　及	20. 2	1 895	巴　西	14. 5	1 424
墨西哥	16	739	印　度	6. 9	638

① 张车伟. 解决大学生就业难需建立长效机制［J］. 中国经贸导刊，2009（5）：6－7.

续表

国　家	毛入学率（%）	每十万人拥有的大学生数（人）	国　家	毛入学率（%）	每十万人拥有的大学生数（人）
印度尼西亚	11.3	1 157	巴基斯坦（1990）	2.9	291
孟加拉国（1990）	4.2	397	尼日利亚（1990）	—	58
中国（2002）	15.0	—	中国（2008）	23.3	—

资料来源：刘文．高等教育投资与毕业生供求研究：基于人力资本的视角［M］．北京：中国经济出版社，2006.

此外，来自OECD的数据表明，1995年美国、加拿大、西班牙、意大利18～21岁青年的高等教育入学率为37.9%、34.7%、25.6%和27.2%。到了三四年后大学生毕业的那一年，美国的大学毕业生失业率为6%，加拿大为11%，保持了较低的失业率水平；而西班牙和意大利的失业率则分别为46%和52%，可以说失业率水平相当高。由此可以清楚地看到，大学生失业率的高低同高等教育的规模并不是天然具有联系，也就是说，并不是高等教育规模大就必然导致大学生失业。

从高等教育大众化、普及化程度来看（见表6.2），欧美发达国家在1996年就已经达到了高等教育普及化水平或大众化水平。这些国家所具有的成熟的资本主义市场经济体制为这样的高等教育水平提供了保障，而高素质人才的培养也为其经济发展提供了巨大的智力支持。对比我国，前国务委员陈至立曾指出，我国高中及以上学历的人口比例远低于中等发达国家水平。同发达国家相比，我国的中高等教育水平落后30年以上；而同中等偏上收入国家平均水平相比，我国的中高等教育水平落后15年[①]。

表6.2　主要发达国家受高等教育大众化、普及化历程表

国　家	5%左右	15%左右	50%左右	1996年水平（%）
美　国	1911年	1941年	1970年	80.90
英　国	1954年	1970年	1995年	52.30
韩　国	1966年	1980年	1995年	67.70

① http：//news. china. com/zh_ cn/news100/110389/20070517/14102657. html.

续表

国　家	5%左右	15%左右	50%左右	1996年水平（%）
日　本	1947年	1970年	1990年	71.80
法　国	—	1970年	1996年	51.00
加拿大	—	—	1980年	87.30
澳大利亚	1960年	1970年	1992年	79.80
德　国	1960年	1970年	1996年	47.20

资料来源：刘文．高等教育投资与毕业生供求研究：基于人力资本的视角［M］．北京：中国经济出版社，2006.

以上，我们把中国放在世界大环境中进行了比较，用毛入学率以及高等教育大众化、普及化程度等因素进行观测。此外，各国的教育发展必须考虑到本国的实际经济发展水平，这是因为高等教育的规模深受一国经济发展水平的影响；也必须考虑本国居民对高等教育的需求，有学者指出，高等教育扩张的基本条件是居民中存在尚未满足的高等教育需求（李文利、阅维方，2005）。因此，本书选用高考录取率这一指标来观测在现有的经济发展水平和高等教育规模下，高等教育满足人们高等教育需求的程度。

由图6.5我们可以清楚地看到，我国GDP的变化趋势同我国高等教育毛入学率的变化趋势相当一致，这在一定程度上说明，我国高等教育规模的扩大是同我国现有的经济发展水平保持一致的，在我国的工业化和现代化进程中，培养更多的大学生符合我国经济社会长期可持续发展的需要。从近年来我国高考报名和录取情况（见图6.6）来看，仍有相当一部分高等教育的需求未得到满足。即使我国高校不扩招，未能进入大学学习的青年人照样需要就业，就业压力也未必很小，而如果进入高校学习，他们的各种知识、素质、能力和技能将得到大大的提升，将对就业产生有利的影响。从长远来看，高等教育规模的扩大既促进了教育的公平，也对我国整体的人力资源开发起到了巨大的推动作用，既满足了社会公民个人的教育需求，也为我国实现由人力资源大国向人力资源强国转变的目标做出了贡献。我国也有学者（杨河清，2009）指出，我国大学生就业难现象只是短期现象，而从长期来看，我国大学毕业生的数量远远不够支撑未来国家发展的需要。

综上所述，我国高等教育的扩张在短期内确实造成了大学毕业生劳动力供大于求的态势，造成就业率走低，但是不足以说明我国高等教育的扩张是造成大学毕业生失业现象的根本性原因。从长远来看，高等教育规模的扩大也将为我国的经济社会发展起到推动作用。

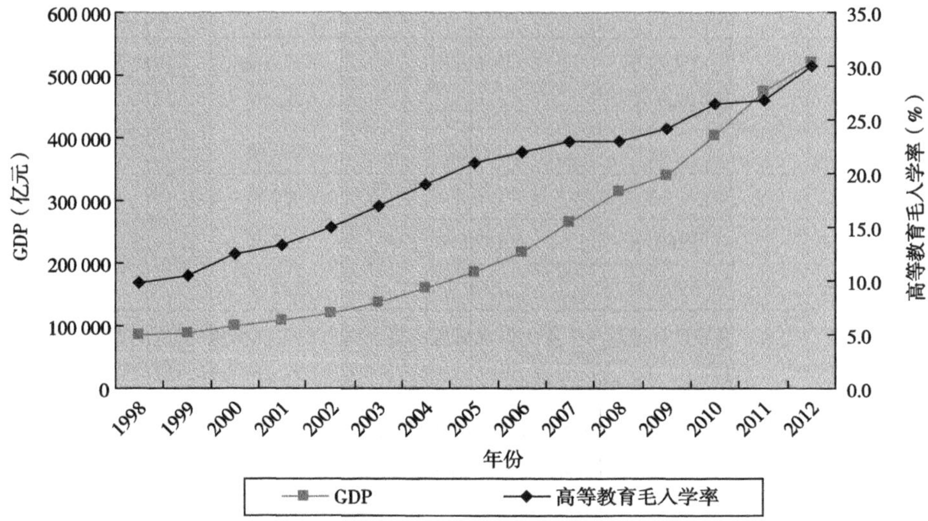

图 6.5　1998—2012 年我国高等教育入学率与 GDP 走势

资料来源：GDP 数据来自国家统计局官方数据，高等教育毛入学率数据来自各年度全国教育事业发展统计公报数据。

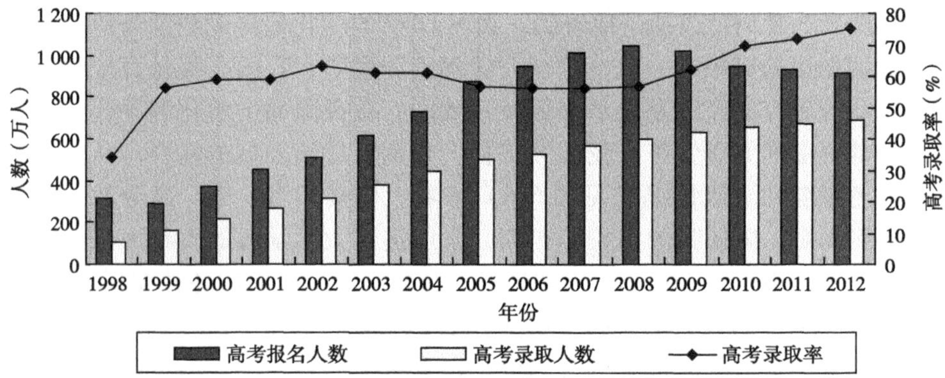

图 6.6　1998—2012 年我国高考报名人数、录取人数、录取率

资料来源：中国统计年鉴及教育部历年数据。

6.1.2　劳动力市场需求不足是导致大学毕业生失业现象的重要原因

劳动力需求是一个派生需求，受到经济发展、产业结构和行业结构的深刻影响，大学生劳动力需求同样属于派生需求，受到这些因素的影响。同时，大学生劳动力作为知识劳动力，同一般的劳动力有所不同，这一特殊劳动力的市场需求有其自身的特点。所以，对劳动力市场需求总量进行分析时，应当对经济增长状况、产业结构、行业结构的调整和布局状况以及对大学生劳动力需求的影响进行分析。

6.1.2.1 我国低就业的经济增长模式影响对大学生劳动力的吸纳

进入21世纪以来，我国经济保持高速增长，图6.7反映了1999—2013年间我国GDP年增长率的变化状况，可以看到，1999—2013年我国的GDP总体上呈现较快增长的态势，1999—2007年呈现高速增长的趋势，从1999年的7.6%增至2007年的14.2%，自2007年以后增长趋势有所放缓，但是仍然保持7%以上的增长速度。

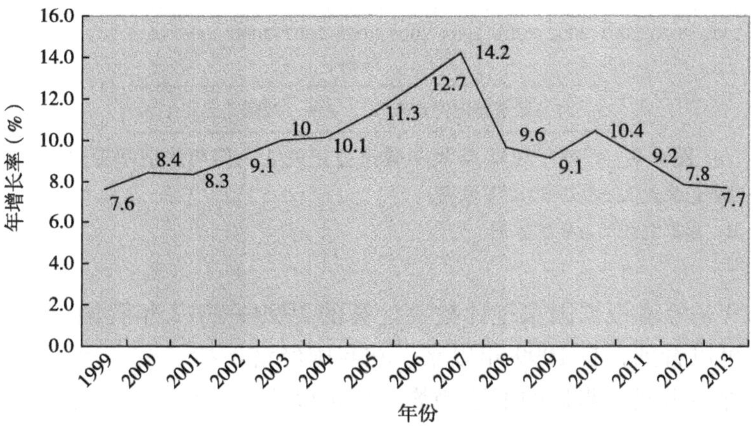

图6.7 1999—2013年我国GDP年增长率变化

资料来源：国家统计局各年度统计数据。

按照奥肯定律，经济增长和就业呈同方向变动，高速的经济增长理应带来失业率水平的下降，但是我国的现实情况是，经济的高速增长并没有带来相应的就业率水平的提高。图6.8反映了1999—2012年我国城镇登记失业人口与失业率的变化情况。可以看到，自2000年开始，我国的城镇登记失业人口与失业率都呈显著的增长趋势，登记失业率在1999年为3.1%，2003年上升至4.3%，在此后保持在4.0%以上的水平，而登记失业人口1999年为575万，2011年增至922万。由此看来，我国在高经济增长下，失业率水平和失业人口也不断增加。这一特点可以用就业弹性指标来进行进一步的衡量。

所谓就业弹性系数，就是指GDP每增长一个百分点时就业人数增长的百分点，即就业弹性系数=就业人数增长率/GDP增长率。这一指标用来观测一个国家的经济增长水平同就业增长水平之间的关系，进而判断经济增长同就业之间的关系是否协调。

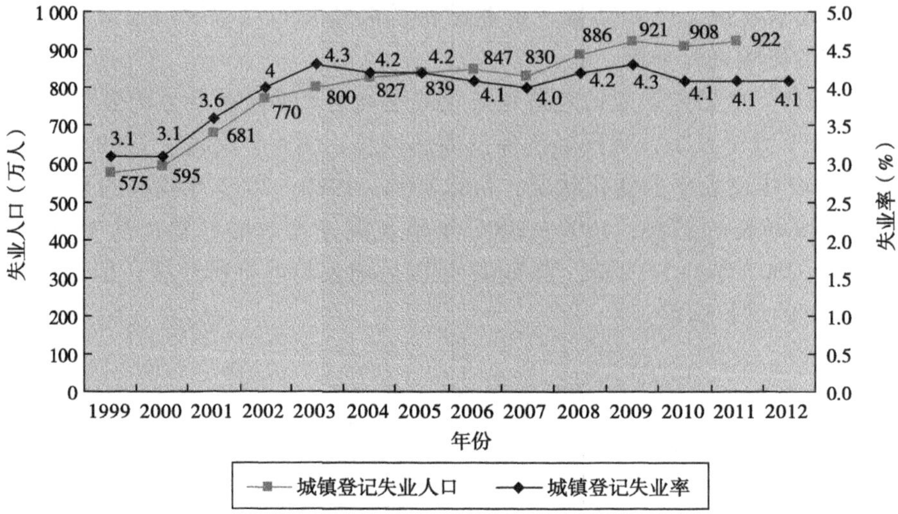

图 6.8　1999—2012 年我国城镇登记失业人口与失业率变化

注：城镇登记失业人口缺少 2012 年数据。

资料来源：国家统计局各年度数据。

图 6.9 是笔者根据国家统计数字计算的 1999—2012 年我国就业弹性的变化情况，可以看到，自 1999 年以来，在我国经济保持了较高增长速度的情况下，就业弹性出现了明显的下滑趋势，这足以反映出我国“高增长、低就业”的经济发展特征。我国的经济增长并没有带来相应的工作岗位的增加，这样低就业的经济增长模式必然影响对高素质劳动力的吸纳，增加了大学毕业生的就业压力。

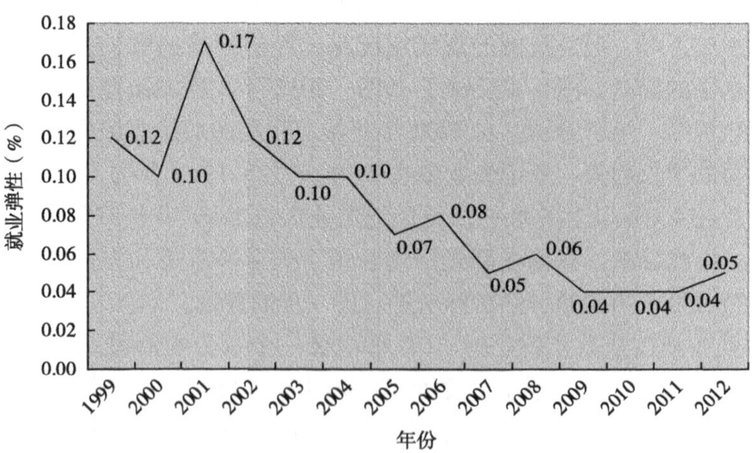

图 6.9　1999—2012 年我国就业弹性的变化

资料来源：根据国家统计局各年度数据计算整理。

此外，产业链的竞争已经成为国际竞争的主要方面，而不再像原来那样是企业和产品的竞争。改革开放以来，我国在国际分工体系中扮演着越来越重要的角色，但是依然没有进入高附加值的上游产业链，而是被限制在全球产业链比较低端的位置。我国大量的企业仍然属于劳动密集型企业，经济发展也仍然主要靠低劳动成本的比较优势，企业提供的岗位大多是生产线上的岗位，而对人力资本投资的要求并不是很高，这些工作岗位是不适合大学生劳动力就业的。所以，虽然我国近年来实现了经济的快速发展，就业弹性则呈下降的态势，对于新增劳动力的需求主要集中在劳动密集型企业和工作岗位，这种对低端劳动力的旺盛需求必然导致与大学生劳动力相关的高端就业岗位严重不足。

6.1.2.2　我国制造业的转型和升级过慢导致对大学生劳动力的需求不足

我国目前的制造业仍然处在国际产业链中比较低端的位置，尽管我国企业所制造生产的一些产品在国际市场上占据了较大的份额，但是仍无法改变我国主要依靠低端劳动力成本优势参与部分国际竞争的事实。从产业链的横向分工来看，除了加工制造环节，还有产品设计、仓储运输、原料采购、批发与终端零售、订单处理、物流管理等环节，而这几个环节恰恰更需要高端劳动力，是吸纳大学毕业生劳动力的主要环节。但是，我国目前并没有向这些环节延伸和转型，从近年来我国三次产业占 GDP 比例和三次产业的就业构成变化状况来看，尽管我国 GDP 中最大比重的产业为第二产业，但是其对就业的吸纳作用最小（见图 6.10 和图 6.11），这在一定程度上限制了对大学生劳动力的吸纳。

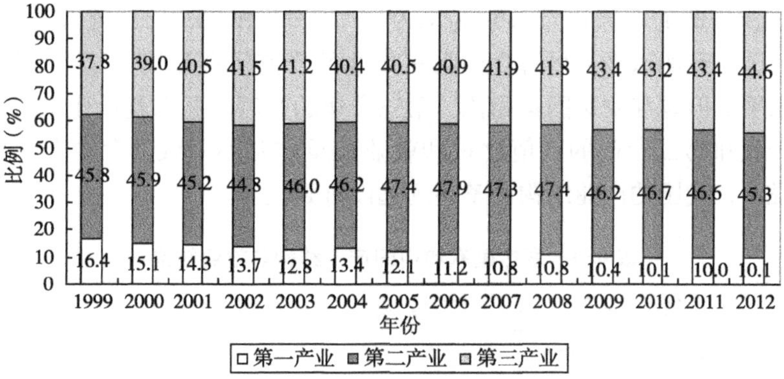

图 6.10　我国 1999—2012 年的三次产业占 GDP 比例的发展变化状况

资料来源：根据各年度国家统计年鉴计算整理。

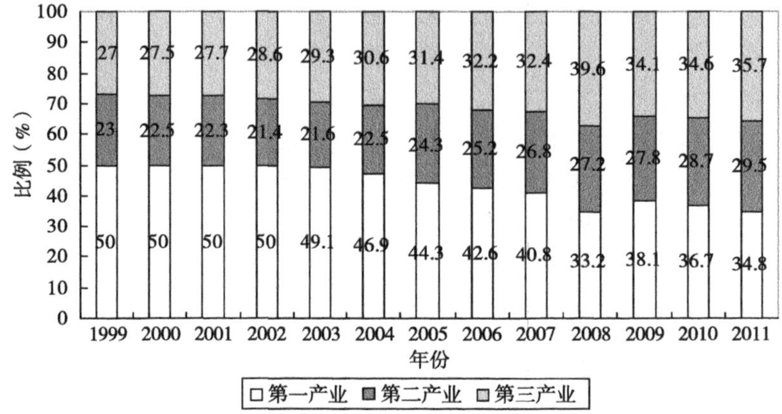

图 6.11　我国 1999—2011 年三次产业的就业构成变化状况

资料来源：根据各年度国家统计年鉴计算整理。

6.1.2.3　我国的第三产业发展严重不足影响对大学生劳动力的吸纳

从图 6.10 和图 6.11 我们可以清楚地看到，我国目前的就业结构和产业结构之间存在明显的错位：第一产业产值比重较小，但就业人员的比重过大；第二产业产值比重较大，但是就业人员的比重过小；只有第三产业的产值比重和就业人员的比重大体一致。进一步通过我国同发达国家产业结构和就业结构的比较，就可以更深刻地发现我国的就业结构和产业结构之间的不协调程度。

从表 6.3 中可以看到，西方发达国家的产业比重和就业比重基本上保持一致，以美国为例，2005 年三次产业的就业比重分别为 1.6%、20.6% 和 77.8%，2004 年三次产业的产值比重分别为 1.3%、22.0% 和 76.7%，就业比重和产值比重保持了一致的水平。尽管我国第三产业的产值比重和就业比重保持了大致一致的水平，但是和发达国家相比，第三产业的产值比重和就业比重仍然过小，而第一产业和第二产业的产值比重和就业比重非常不一致，存在严重的失衡，这足以说明，我国的产业结构调整还远远没有到位。

表 6.3　发达国家和中国产业结构与就业结构　　单位:%

国　家	结构（年份）	第一产业	第二产业	第三产业
日　本	就业构成（2005）	5.7	27.9	66.4
	GDP 构成（2004）	1.7	30.2	68.1
韩　国	就业构成（2005）	7.7	26.8	65.5
	GDP 构成（2006）	3.2	39.6	57.2

续表

国　家	结构（年份）	第一产业	第二产业	第三产业
美　国	就业构成（2005）	1.6	20.6	77.8
	GDP 构成（2004）	1.3	22.0	76.7
法　国	就业构成（2004）	4.4	24.6	71.0
	GDP 构成（2005）	2.2	20.9	76.9
澳大利亚	就业构成（2005）	3.9	21.1	75.0
	GDP 构成（2004）	3.4	27.0	69.6
中　国	就业构成（2005）	44.3	24.3	31.4
	GDP 构成（2006）	11.2	47.9	40.9

资料来源：根据各年度国家统计局有关数据计算整理。

用不同行业就业人员的学历构成来间接反映大学生在不同产业和行业的就业状况，如表 6.4 所示，拥有大学学历的从业者比例最高的行业主要集中在信息传输、计算机服务和软件业，公共管理和社会组织，教育，科学研究、技术服务和地质勘查业，金融业，卫生、社会保障和社会福利业等行业，这些行业全部为第三产业，且全部为对人力资本有较高要求的知识密集型现代服务业。可以说，我国第三产业发展不足，在很大程度上影响了就业市场对于大学生劳动力的吸纳，是造成大学生失业问题的重要原因。

表 6.4　2004—2011 年我国各行业大学生占就业人数的比重　单位：%

行　业	2004 年	2005 年	2006 年	2007 年	2008 年	2009 年	2010 年	2011 年	变化
农、林、牧、渔业	2.0	0.6	0.6	0.7	0.3	0.4	0.6	0.7	-1.3
采矿业	11.1	11.1	12.1	11.7	6.1	8.1	13.1	15.8	4.7
制造业	10.3	8.8	10.5	10.1	7.8	8.7	9.8	13.3	3.0
电力、燃气及水的生产	21.9	29.0	33.3	33.0	27.8	31.4	34.3	38.1	16.2
建筑业	11.8	8.0	9.6	8.6	5.7	6.2	6.0	7.7	-4.1
交通运输、仓储和邮政业	10.2	9.6	10.6	10.5	8.8	9.8	10.8	13.9	3.7
信息传输、计算机服务和软件业	47.9	48.8	50.9	50.0	47.7	53.7	55.0	58.9	11.0

续表

行　业	2004 年	2005 年	2006 年	2007 年	2008 年	2009 年	2010 年	2011 年	变化
批发和零售业	6.2	9.4	9.9	10.0	9.1	11.2	12.4	12.6	6.4
住宿和餐饮业	4.6	4.9	5.9	5.4	4.7	6.5	6.3	7.8	3.2
金融业	60.3	57.7	61.6	58.8	56.2	61.6	65.6	64.4	4.1
房地产业	39.9	30.8	34.1	32.6	28.9	31.4	29.7	31.0	-8.9
租赁和商业服务业	15.9	37.3	38.2	39.2	36.1	39.0	40.1	44.1	28.2
科学研究、技术服务和地质勘探业	55.3	59.7	60.9	56.4	56.5	55.5	65.2	68.2	12.9
水利、环境和公共设施管理业	29.8	23.7	25.0	23.6	20.8	26.2	23.1	26.2	-3.6
居民服务和其他服务业	6.4	4.2	5.1	6.2	5.9	7.4	5.8	7.2	0.8
教育	72.9	71.0	72.4	72.2	67.7	73.3	71.2	74.8	1.9
卫生、社会保障和社会福利业	42.7	47.7	53.2	52.1	48.9	56.1	55.5	60.3	17.6
文化、体育和娱乐业	39.9	37.1	38.9	36.8	32.3	36.6	37.9	40.5	0.6
公共管理和社会组织	59.7	58.1	59.8	58.3	55.5	61.3	58.4	62.4	2.7
总　计	18.2	15.3	15.8	15.8	6.8	16.2	10.1	16.3	-1.9

注：大学生是大专生、本科生和研究生的加总。

资料来源：根据 2007—2011 年中国劳动统计年鉴有关数据计算整理。

6.1.2.4　我国行业垄断加剧了大学生失业现象

近年来，我国经济社会呈现出新的趋势，即行业垄断现象严重，限制了大学生就业机会的增长。从表 6.5 中我们可以看到，一些垄断性的行业或者说是政府管制比较强的行业，诸如交通运输、仓储和邮政业，科学研究、技术服务和地质勘探业，卫生、社会保障和社会福利业等对新增劳动力的吸纳作用非常小。这是因为，行业垄断性企业在产品市场是卖方垄断者，具有很强的产品定价权，在实现利益最大化的驱动下，这些企业制定的产品价格水平往往高于产品的边际成本，使消费者减少了对该产品的需求，而该产品的市场需求减少，又进一步引起垄断行业减少对产品的生产和供给，从而减少了对劳动的需求（表现为减少了对生产岗位数量和种类的需求），换言之，导致垄断行业内部就业机会的减少，这正是垄断行业的就业吸纳弹性和能力不足的根本原因。尤其是部分服务业具有很强的垄断性和国有性，导致就业弹性不断下降。而这些服务业大多属于第三产业，对应的职业往往具有很强的专业技术性，只有具备较高文化素质的专门人才才能胜任，是更适合大学生就业的领域。可见，行业垄断导致垄断行业内部（尤其是适合于大学生就业的第三产业）的就业弹性下降和就业机会减少，必然会限制大学生就业机会的增长空间，加剧大学毕业生失业现象。

表 6.5　2004—2012 年我国城镇各行业就业人数及变化情况　　单位：万人

行　业	2004 年	2005 年	2006 年	2007 年	2008 年	2009 年	2010 年	2011 年	2012 年	变化
农、林、牧、渔业	466	446	435	426	410	374	376	360	339	-127
采矿业	501	509	530	535	540	554	562	612	631	130
制造业	3 051	3 211	3 352	3 465	3 434	3 492	3 637	4 088	4 262	1 211
电力、燃气及水的生产	301	300	303	303	307	308	311	335	345	44
建筑业	841	927	989	1 051	1 073	1 177	1 268	1 725	2 010	1 169
交通运输、仓储和邮政业	632	614	613	623	627	634	631	663	712	80
信息传输、计算机服务和软件业	124	130	138	150	159	174	186	213	668	544
批发和零售业	587	544	516	507	514	521	535	648	265	-322
住宿和餐饮业	177	181	184	186	193	202	209	243	223	46
金融业	356	359	367	390	418	449	470	505	528	172
房地产业	133	147	154	166	173	191	212	249	274	141

续表

行　业	2004 年	2005 年	2006 年	2007 年	2008 年	2009 年	2010 年	2011 年	2012 年	变化
租赁和商业服务业	194	219	237	247	275	290	310	287	292	98
科学研究、技术服务和地质勘探业	222	228	235	243	257	273	292	299	331	109
水利、环境和公共设施管理业	176	180	187	193	197	206	219	230	244	68
居民服务和其他服务业	54	54	57	57	57	59	60	60	62	8
教育	1 467	1 483	1 504	1 521	1 534	1 550	1 582	1 618	1 653	186
卫生、社会保障和社会福利业	495	509	525	543	564	596	633	679	719	224
文化、体育和娱乐业	123	123	122	125	126	130	131	135	138	15
公共管理和社会组织	1 199	1 241	1 266	1 291	1 335	1 394	1 429	1 468	1 542	343
总　计	11 099	11 405	11 714	12 022	12 193	12 574	13 053	14 417	15 238	4 139

资料来源：根据各年度国家统计局有关数据计算整理。

6.1.2.5　民营中小企业的发展受到限制导致对大学劳动力吸纳不足

根据发达国家的经验，不同于着力形成规模经济和技术竞争力的大企业，一国的中小企业是对劳动力需求最为旺盛的领域，是最具活力的经济和就业增长领域，在解决就业方面发挥着最为重要的作用。从国际上来看，一国的中小企业占到全体企业数量的 99.5% 以上，而劳动者在中小企业就业的比例也高达 65% ~80%。所以，在吸纳大学生就业方面，中小企业理应发挥主力军的作用。但是我国的中小企业数量明显太少，拿日本的情况进行比较，日本人口为 1.25 亿，而在中小企业就业的人口高达 660 万；我国拥有超过 13 亿人口，可在中小企业就业的人口却仅有 700 万（姚先国、盛乐，2006）。此外，大学毕业生在就业选择上更加偏好国家机关和部门，这是因为这些机构和部门所掌握的社会资源更多，具有巨大的发展优势，而本该成为最大就业领域的企业由于不具有稳定的发展优势，往往不是大学毕业生优先的选择，这一点从我国每年公务员考试报名人数居高不下便可以看出来。目前，我国的民营企业发展面临很大的压力，在国家宏观经济政策的调整中民营企业受到的冲击往往最大，其发展还受到融资渠道等多方面因素影响，如国家紧缩货币政策会使很多民营企业资金紧张，而一旦资金链断裂，不少民营企业将面临倒闭。根据统计，我国民营企业从银行获得的贷款比例不到1/3，而在对经济增长的贡献上，民营企业则超过2/3。民营企业在发展受到限制的情况下，无法发挥吸纳劳动力的优势，就业市场容量严重不足，这在一定程度上影响了大学生的就业，导致许多本该被中小企业吸纳的大学毕业生失业。

6.1.2.6 我国三大产业和各行业对大学生吸纳能力的实证分析

我国三大产业和各行业对劳动力的吸纳能力各不相同，而社会对高学历毕业生的需求又不同于对一般劳动力的需求，所以，通过实证方法研究我国各产业和各行业对大学毕业生的吸纳能力，从而进一步分析造成我国大学毕业生失业现象的原因，并且对症下药，是解决大学生失业问题的关键。

对于经济增长对就业的拉动作用，现有的研究主要通过就业弹性和就业效应两个指标来观测。在现有的研究经济增长和就业关系的文献中，使用就业弹性和就业效应进行分析的有很多，但是很少有用此方法来专门分析我国大学生失业问题的。本部分将针对各个产业和行业对大学毕业生的就业吸纳能力进行分析，方法主要为对现有统计数据进行计算，同时结合其他相关资料进行论证。

（1）就业弹性

所谓就业弹性，是指经济增长每变化一个百分点所对应的就业数量变化的百分比，即就业数量增长率与经济增长率之比。在经济增长率一定的条件下，就业弹性为正值时，数值越大说明该产业或行业吸纳劳动力的能力越强，效率越高；数值越小则说明该产业或行业吸纳劳动力的能力越弱，效率越低。就业弹性为负值时，则说明该产业或行业已无法吸纳新增劳动力，并面临劳动力流出的压力。

根据表6.4和表6.5，我们可以大致计算出在城镇的各行业中大学生就业的人数情况，计算结果如表6.6所示。需要特别说明的是，我国目前还缺乏非城镇的各行业就业人数的统计数据，但是，我国大学生就业主要集中在城镇，所以，本书按照城镇各行业就业人数来计算，可以基本反映我国各行业大学生的就业人数。

表 6.6　2004—2011 年各行业大学生就业人数　　单位：万人

行　业	2004 年	2005 年	2006 年	2007 年	2008 年	2009 年	2010 年	2011 年
第一产业	9.3	2.7	2.6	3.0	1.2	1.5	2.3	2.5
农、林、牧、渔业	9.3	2.7	2.6	3.0	1.2	1.5	2.3	2.5
第二产业	535.0	500.3	611.9	603.0	447.3	518.4	612.8	900.8
采矿业	55.6	56.5	64.1	62.6	32.9	44.9	73.6	96.7
制造业	314.3	282.6	352.0	350.0	267.9	303.8	356.4	543.7
电力、燃气及水的生产	65.9	87.0	100.9	100.0	85.3	96.7	106.7	127.6
建筑业	99.2	74.2	94.9	90.4	61.2	73.0	76.1	132.8
第三产业	2 691.4	2 759.8	2 931.9	2 947.2	2 856.6	3 259.3	3 351.8	3 706.2
交通运输、仓储和邮政业	64.5	58.9	65.0	65.4	55.2	62.1	68.1	92.2
信息传输、计算机服务和软件业	59.4	63.4	70.2	75.0	75.8	93.4	102.3	125.5
批发和零售业	36.4	51.1	51.1	50.7	46.8	58.4	66.3	81.6
住宿和餐饮业	8.1	8.9	10.9	10.0	9.1	13.1	13.2	19.0
金融业	214.7	207.1	226.1	229.3	234.9	276.6	308.3	325.2
房地产业	53.1	45.3	52.5	54.1	50.0	60.0	63.0	77.2
租赁和商业服务业	30.8	81.7	90.5	96.8	99.3	113.1	124.3	126.6
科学研究、技术服务和地质勘探业	122.8	136.1	143.1	137.1	145.2	151.5	190.4	203.9
水利、环境和公共设施管理业	52.4	42.7	46.8	45.5	41.0	54.0	50.6	60.3
居民服务和其他服务业	3.5	2.3	2.9	3.5	3.4	4.4	3.5	4.3
教育	1 069.4	1 052.9	1 088.9	1 098.2	1 038.5	1 136.2	1 126.4	1 210.3
卫生、社会保障和社会福利业	211.4	242.8	279.3	282.9	275.8	334.4	351.3	409.4

续表

行　业	2004 年	2005 年	2006 年	2007 年	2008 年	2009 年	2010 年	2011 年
文化、体育和娱乐业	49. 1	45. 6	47. 5	46. 0	40. 7	47. 6	49. 6	54. 7
公共管理和社会组织	715. 8	721. 0	757. 1	752. 7	740. 9	854. 5	834. 5	916. 0
总　计	3 235. 7	3 262. 8	3 546. 4	3 553. 2	3 305. 1	3 779. 2	3 966. 9	4 609. 5

资料来源：根据表 6. 4 和表 6. 5 数据相乘而得。

我们首先通过表 6. 6 计算出各年度各行业大学生就业人数的变化率，计算结果见表 6. 7。根据各年度三大产业中各行业增加值的数据计算出各行业增加值变化率，计算结果见表 6. 8。

表 6. 7　2005—2011 年各行业大学生就业人数变化率　　单位：%

行　业	2005 年	2006 年	2007 年	2008 年	2009 年	2010 年	2011 年
第一产业	-71. 0	-3. 7	15. 4	-60. 0	25. 0	53. 3	8. 7
农、林、牧、渔业	-71. 0	-3. 7	15. 4	-60. 0	25. 0	53. 3	8. 7
第二产业	-6. 5	22. 3	-1. 5	-25. 8	15. 9	18. 2	47. 0
采矿业	1. 6	13. 5	-2. 3	-47. 3	36. 1	63. 9	31. 4
制造业	-10. 1	24. 5	-0. 5	-23. 5	13. 4	17. 3	52. 6
电力、燃气及水的生产	32. 0	16. 0	-0. 9	-14. 7	13. 4	10. 3	19. 6
建筑业	-25. 2	27. 9	-4. 7	-32. 3	19. 3	4. 2	74. 5
第三产业	2. 5	6. 2	0. 5	-3. 1	14. 1	2. 8	10. 6
交通运输、仓储和邮政业	-8. 7	10. 2	0. 8	-15. 6	12. 5	9. 7	35. 4
信息传输、计算机服务和软件业	6. 7	10. 7	6. 8	1. 1	23. 2	9. 5	22. 7
批发和零售业	40. 4	0. 0	-0. 8	-7. 7	24. 8	13. 5	23. 1
住宿和餐饮业	9. 9	22. 5	-8. 3	-9. 0	44. 0	0. 8	43. 2
金融业	-3. 5	9. 2	1. 4	2. 4	17. 8	11. 5	5. 5
房地产业	-14. 7	15. 9	3. 0	-7. 6	20. 0	5. 0	22. 5
租赁和商业服务业	165. 3	10. 8	7. 0	2. 6	13. 9	9. 9	1. 9

续表

行　业	2005 年	2006 年	2007 年	2008 年	2009 年	2010 年	2011 年
科学研究、技术服务和地质勘探业	10.8	5.1	-4.2	5.9	4.3	25.7	7.1
水利、环境和公共设施管理业	-18.5%	9.6	-2.8	-9.9	31.7	-6.3	19.2
居民服务和其他服务业	-34.3%	26.1	20.7	-2.9	29.4	-20.5%	22.9
教育	-1.5	3.4	0.9	-5.4	9.4	-0.9	7.4
卫生、社会保障和社会福利业	14.9	15.0	1.3	-2.5	21.2	5.1	16.5
文化、体育和娱乐业	-7.1	4.2	-3.2	-11.5%	17.0	4.2	10.3
公共管理和社会组织	0.7	5.0	-0.6	-1.6	15.3	-2.3	9.8
总　计	0.8	8.7	0.2	-7.0	14.3	5.0	16.2

资料来源：根据表 6.6 数据计算。

表 6.8　2005—2011 年各行业增加值变化率　　单位:%

行　业	2005 年	2006 年	2007 年	2008 年	2009 年	2010 年	2011 年
第一产业	7.74	4.20	19.08	17.73	4.52	15.07	17.15
农、林、牧、渔业	7.74	4.20	19.08	17.73	4.52	15.07	17.15
第二产业	18.21	18.72	21.32	18.42	5.80	18.87	17.63
采矿业	35.26	17.10	11.40	45.83	-14.79	25.17	30.04
制造业	16.17	18.46	22.82	17.23	7.39	18.35	15.56
电力、燃气及水的生产	16.48	17.96	19.89	-15.80	3.76	12.69	12.54
建筑业	16.56	22.45	23.27	22.53	19.50	19.03	19.81
第三产业	13.74	20.59	25.74	17.95	12.71	17.26	18.21
交通运输、仓储和邮政业	16.46	12.43	19.85	12.06	2.23	14.38	17.25
信息传输、计算机服务和软件业	12.55	19.20	17.98	17.21	3.87	8.80	10.11

续表

行　业	2005 年	2006 年	2007 年	2008 年	2009 年	2010 年	2011 年
批发和零售业	8.68	22.14	26.66	25.05	10.70	23.33	21.54
住宿和餐饮业	14.42	14.29	15.76	19.25	7.59	13.35	13.69
金融业	16.95	28.41	52.33	20.47	19.54	18.08	18.96
房地产业	14.91	25.80	33.16	6.73	26.57	22.12	17.57
租赁和商业服务业	10.84	30.16	23.85	19.45	10.40	25.74	20.84
科学研究、技术服务和地质勘探业	16.54	30.93	28.18	16.04	18.24	19.38	23.04
水利、环境和公共设施管理业	10.58	11.28	17.43	13.94	16.98	18.35	16.40
居民服务和其他服务业	26.11	13.18	12.84	15.80	13.90	15.75	19.32
教育	15.61	13.27	20.07	15.52	17.94	14.89	19.82
卫生、社会保障和社会福利业	11.97	13.35	20.67	15.32	9.81	17.67	25.33
文化、体育和娱乐业	13.90	14.69	19.71	17.84	16.05	11.87	20.49
公共管理和社会组织	11.19	29.40	22.56	27.27	10.00	6.92	11.08
总　计	15.00	17.65	22.88	18.15	8.55	17.78	17.83

资料来源：根据 2005—2011 年各行业的大学生就业弹性数据以及中国统计年鉴各行业增加值的数据计算整理。

通过就业弹性的计算公式，可以计算出我国各行业大学生的就业弹性。在这里需要特别说明的是，我国统计年鉴自 2002 年起开始按照新的国民经济行业分类（GB/T 4754—2002）来划分，且每年统计的是上一年的数据，故现仅有 2004—2011 年的各行业增加值数据。根据已有数据只能计算出 2005—2011 年的各行业增加值的增长速度，并用各行业增加值的增长率来代表其经济增长率，计算结果如表 6.9 所示。

表 6.9　2005—2011 年各行业的大学生就业弹性

行　业	2005 年	2006 年	2007 年	2008 年	2009 年	2010 年	2011 年	平均值
第一产业	-9.17	-0.88	0.81	-3.38	5.53	3.54	0.51	-0.43
农、林、牧、渔业	-9.17	-0.88	0.81	-3.38	5.53	3.54	0.51	-0.43
第二产业	-0.36	1.19	-0.07	-1.40	2.74	0.96	2.67	0.82
采矿业	0.05	0.79	-0.20	-1.03	-2.44	2.54	1.05	0.11
制造业	-0.62	1.33	-0.02	-1.36	1.81	0.94	3.38	0.78
电力、燃气及水的生产	1.94	0.89	-0.05	0.93	3.56	0.81	1.56	1.38
建筑业	-1.52	1.24	-0.20	-1.43	0.99	0.22	3.76	0.44
第三产业	0.18	0.30	0.02	-0.17	1.11	0.16	0.58	0.31
交通运输、仓储和邮政业	-0.53	0.82	0.04	-1.29	5.61	0.67	2.05	1.05
信息传输、计算机服务和软件业	0.53	0.56	0.38	0.06	5.99	1.08	2.25	1.55
批发和零售业	4.65	0.00	-0.03	-0.31	2.32	0.58	1.07	1.18
住宿和餐饮业	0.69	1.57	-0.53	-0.47	5.80	0.06	3.16	1.47
金融业	-0.21	0.32	0.03	0.12	0.91	0.64	0.29	0.30
房地产业	-0.99	0.62	0.09	-1.13	0.75	0.23	1.28	0.12
租赁和商业服务业	15.25	0.36	0.29	0.13	1.34	0.38	0.09	2.55
科学研究、技术服务和地质勘探业	0.65	0.16	-0.15	0.37	0.24	1.33	0.31	0.42
水利、环境和公共设施管理业	-1.75	0.85	-0.16	-0.71	1.87	-0.34	1.17	0.13
居民服务和其他服务业	-1.31	1.98	1.61	-0.18	2.12	-1.30	1.19	0.59
教育	-0.10	0.26	0.04	-0.35	0.52	-0.06	0.37	0.10
卫生、社会保障和社会福利业	1.24	1.12	0.06	-0.16	2.16	0.29	0.65	0.77
文化、体育和娱乐业	-0.51	0.29	-0.16	-0.64	1.06	0.35	0.50	0.13
公共管理和社会组织	0.06	0.17	-0.03	-0.06	1.53	-0.33	0.88	0.32
总　计	0.05	0.49	0.87	-0.39	1.67	0.28	0.91	0.55

资料来源：根据数据整理计算而得。

此前，岳昌君等（2003）计算了1990—2000年我国经济增长和各行业的高等教育就业弹性，毛盛勇（2009）计算了我国2000—2005年经济增长的高等教育就业弹性，具体数据见表6.10。本书计算出了我国2005—2011年经济增长的高等教育就业弹性，考虑到三组数据在统计和计算上的差异，在这里不进行横向比较，只进行纵向比较，说明一定的问题。

表6.10　1990—2011年我国高等教育就业弹性

时　期	1990—1995年	1995—2000年	2000—2005年	2005—2011年
第一产业就业弹性	—	—	—	-0.43
第二产业就业弹性	1.70	1.07	0.52	0.82
第三产业就业弹性	5.60	10.40	16.70	0.31
总就业弹性	1.01	1.55	0.94	0.43

注：第一产业高等教育就业弹性在这三个时期波动不大，分布在第一产业的高等教育人数占比平均仅为1.9%，但没有第一产业就业弹性的相关数据。

资料来源：岳昌君．受高等教育者就业的经济学分析［J］．高等教育研究，2003（11）：27. 毛盛勇．简析我国经济增长的高等教育就业效应［J］．中国统计，2009（4）：17.

从三大产业的大学生就业弹性来看，1990—2000年和2000—2005年的数据均表明，第三产业对大学生的吸纳能力明显强于第二产业，而本书的计算结果则表明，第三产业对大学生的吸纳能力明显下降，第三产业2005—2011年就业弹性的平均值为0.31，低于第二产业（平均值为0.82）。第一产业2005—2011年就业弹性的平均值为-0.43，结合各年具体数据来看，近年来农、林、牧、渔业对大学生就业的吸纳能力非常有限，在个别年份有大量大学生劳动力向第二、第三产业转移的情况。

从各个行业的大学生就业弹性来看，根据2005—2011年的平均值，可以较为明显地把各行业分为三组，第一组的就业弹性较大，包括租赁和商业服务业，交通运输、仓储和邮政业，信息传输、计算机服务和软件业，电力、燃气及水的生产，批发和零售业，以及住宿和餐饮业，为1~3；第二组的就业弹性次之，包括制造业，卫生、社会保障和社会福利业，以及居民服务和其他服务业，为0.5~1；第三组的就业弹性最小，小于0.5，包括农、林、牧、渔业，采矿业，建筑业，金融业，房地产业，科学研究、技术服务和地质勘探业、水利、环境和公共设施管理业，教育，文化、体育和娱乐业，以及公共管理和社会组织。我们可以发现，第一组中除了电力、燃气及水的生产业，其他5个行业全部属于第三产业，而且大部分是对人力资本投入有较高要求的现代服务业。

（2）就业效应

就业弹性的局限性在于，如果一个行业的就业规模较小，即便就业弹性很大，它所能吸纳的劳动力数量也不会很多。所以，就业效应成为衡量经济发展与就业之间变化关系的另一个指标。所谓就业效应，就是某一行业增加值增长一个百分点所带来的就业人数的增加。在经济增长率一定的条件下，就业效应越大，意味着吸纳的就业人数就越多，反之亦然。各行业的大学生就业效应如表 6.11 所示。

表 6.11　2005—2011 年各行业的大学生就业效应　　单位：万人

行　业	2005 年	2006 年	2007 年	2008 年	2009 年	2010 年	2011 年	平均值
第一产业	-0.85	-0.02	0.02	-0.10	0.07	0.05	0.01	-0.12
农、林、牧、渔业	-0.85	-0.02	0.02	-0.10	0.07	0.05	0.01	-0.12
第二产业	-1.91	5.97	-0.42	-8.45	12.26	5.00	16.34	4.11
采矿业	0.03	0.44	-0.13	-0.65	-0.81	1.14	0.77	0.11
制造业	-1.96	3.76	-0.09	-4.76	4.86	2.87	12.04	2.39
电力、燃气及水的生产	1.28	0.77	-0.05	0.93	3.03	0.79	1.67	1.20
建筑业	-1.51	0.92	-0.19	-1.30	0.61	0.16	2.86	0.22
第三产业	4.99	8.35	0.60	-5.06	31.69	5.37	19.45	9.34
交通运输、仓储和邮政业	-0.34	0.49	0.02	-0.85	3.09	0.42	1.40	0.60
信息传输、计算机服务和软件业	0.32	0.35	0.27	0.05	4.55	1.01	2.29	1.26
批发和零售业	1.69	0.00	-0.02	-0.16	1.08	0.34	0.71	0.52
住宿和餐饮业	0.06	0.14	-0.06	-0.05	0.53	0.01	0.42	0.15
金融业	-0.45	0.67	0.06	0.27	2.13	1.75	0.89	0.76
房地产业	-0.52	0.28	0.05	-0.61	0.38	0.14	0.81	0.08
租赁和商业服务业	4.70	0.29	0.26	0.13	1.33	0.44	0.11	1.04
科学研究、技术服务和地质勘探业	0.80	0.23	-0.21	0.50	0.35	2.01	0.59	0.61
水利、环境和公共设施管理业	-0.92	0.36	-0.07	-0.32	0.77	-0.19	0.59	0.03
居民服务和其他服务业	-0.05	0.05	0.05	-0.01	0.07	-0.06	0.04	0.01
教育	-1.06	2.71	0.46	-3.85	5.45	-0.66	4.23	1.04
卫生、社会保障和社会福利业	2.62	2.73	0.17	-0.46	5.97	0.96	2.29	2.04

续表

行 业	2005 年	2006 年	2007 年	2008 年	2009 年	2010 年	2011 年	平均值
文化、体育和娱乐业	-0.25	0.13	-0.08	-0.30	0.43	0.17	0.25	0.05
公共管理和社会组织	0.46	1.23	-0.20	-0.43	11.36	-2.89	7.36	2.41

资料来源：根据数据整理计算而得。

从三大产业对大学生的就业效应来看，2005—2011 年三次产业的平均值分别为 -0.12 万人、4.11 万人和 9.34 万人，表明第三产业的就业效应最大，对大学生的吸纳能力远大于其他产业，第二产业次之，而第一产业基本没有吸纳大学生就业。

从各行业对大学生的就业效应来看，也可以按照平均值的高低大致划分为三组，第一组的就业效应在 1 万人以上，包括电力、燃气及水的生产，制造业，信息传输、计算机服务和软件业，租赁和商业服务业，教育，卫生、社会保障和社会福利业，以及公共管理和社会组织，对大学生劳动力的就业效应最大；第二组包括批发和零售业，交通运输、仓储和邮政业，金融业，以及科学研究、技术服务和地质勘探业，就业效应在 0.3 万人至 1 万人之间，对大学生劳动力的就业效应较大；第三组包括农、林、牧、渔业，采矿业，建筑业，住宿和餐饮业，房地产业，水利、环境和公共设施管理业，文化、体育和娱乐业，以及居民服务和其他服务业，就业效应在 0.3 万人以下甚至为负值，对大学生劳动力的就业效应最小。

可以看出，吸纳大学生就业人数较多的行业基本上都是第三产业，并且都属于知识密集型的现代服务业，而吸纳大学生最少的行业中，大多数为农、林、牧、渔业，采矿业，住宿和餐饮业，居民服务和其他服务业等对就业人员素质要求不高的中低端行业。

（3）综合分析

结合就业弹性和就业效应的分析结果我们发现，我国第一产业升级过慢，整体上无法吸收新的大学生劳动力就业，在吸纳能力接近饱和的情况下，甚至有大学生劳动力从第一产业流出，流向第二、第三产业；我国第二产业、第三产业对大学生劳动力的吸纳能力强于第一产业，但是，第二产业创新不足，技术升级缓慢，升级速度不快，其中个别行业如建筑业、采矿业对大学生劳动力的吸纳作用极小；近年来，我国第三产业对大学生劳动力的吸纳作用和以往相比呈现下降的趋势，其中，水利、环境和公共设施管理业，文化以及教育等知识密集型现代服务业升级缓慢，制约了对大学生劳动力的吸纳作用，交通运输、仓储和邮政业等垄断行业虽然就业弹性较大，但是由于较为封闭，新增空缺岗位很少，吸纳大学生劳动力的数量有限。

6.2 结构性失衡角度的原因分析

前面的分析表明，高校人才培养和劳动力市场需求在结构上呈现明显的状态差异，这说明供求系统的第二条结构链“连接不紧密”。本部分将分析造成这一情况的原因。

6.2.1 高等教育学历层次失衡导致高技能劳动力缺乏

社会经济发展结构需要高等教育各个层次之间合理的发展关系来与之相适应。在发达国家，随着产业结构的不断升级，高等教育都经历了一个由单一的本科教育向专科教育和研究生教育两端扩展的过程。这其中，高等专科教育成为高等教育体系中较为重要的部分。为了适应社会经济发展对专科人才的大量需求，发达国家在短期内扩张高等专科学校的规模：在20世纪五六十年代，美国大力发展社区学院，在为各行各业提供实用性人才的同时也为学生升学做准备；日本则面向第二、第三产业的专修学校创办针对女性的短期大学；英国则创办了高级技术学院。

有学者指出，根据发展经济学理论，发展中国家高等教育系统内部的各个学历层次教育结构应当遵循“宝塔形”结构，也就是说，博士生需求量应该是最少的，硕士次之，本科生再次，专科生需求量最大①。目前，我国的博士生培养和硕士生培养基本上符合这样一个结构上的要求，但是本科生和专科生的比例还不够合理，从表6.12看到，近五年来，全国普通高等教育招生中，专科生的招生规模总体上是低于本科生招生规模的（除了2008年略高于本科生），这说明我国高等教育的本科生和专科生的数量比例是不合理的，使得专科生的就业压力增大，就业率水平较低。

表6.12 2008—2012年我国分学历层次招生数 单位：人

学历	2008年	2009年	2010年	2011年	2012年
博士研究生	59 764	61 911	63 762	65 559	68 370
硕士研究生	386 658	449 042	474 415	494 609	521 303
本科生	2 970 601	3 261 081	3 512 563	3 566 411	3 740 574
专科生	3 106 011	3 133 851	3 104 988	3 248 598	3 147 762

资料来源：国家统计局各年度统计数据。

① 刘茂松，刘果．结构型教育过度与高校毕业生就业难［J］．湖南商学院学报，2004（2）：1－5.

有学者认为，我国目前的高等专科教育同发达国家相比明显呈现供不应求的状态。杨河清、肖鹏燕（2009）通过对比《北京地区大学毕业生就业市场调查研究（2007）》的相关数据认为，在北京地区，从供需关系上来看，高职生、本科生和研究生有严重的层次结构错位的现象，高职高专人才供给大大低于社会需求①。此外，我国很多高校为了争取教育资源，采取了提升办学层次的策略，即专科学校升为本科学校，使得本科生及更高学历层次招生规模进一步扩大。但是，我国物质生产部门的技术化水平还不是很高，处于半机械化和半自动化阶段，对劳动力需求的大量缺口在于职业技术教育和高等专科人才。图 6.12 和图 6.13 显示了我国 2008—2012 年分技术等级求人倍率的变化情况，可以看出，这五年我国部分城市劳动力市场各技术等级均处于供不应求的状态，求人倍率都超过了 1，作为以培养面向生产、建设、管理、服务第一线职业岗位的实用型、技能型专门人才为目标的高等专科教育，理应在满足各等级技术岗位空缺上发挥更大作用，但是显然，高等专科教育与劳动力市场需求在数量上的衔接并不理想。

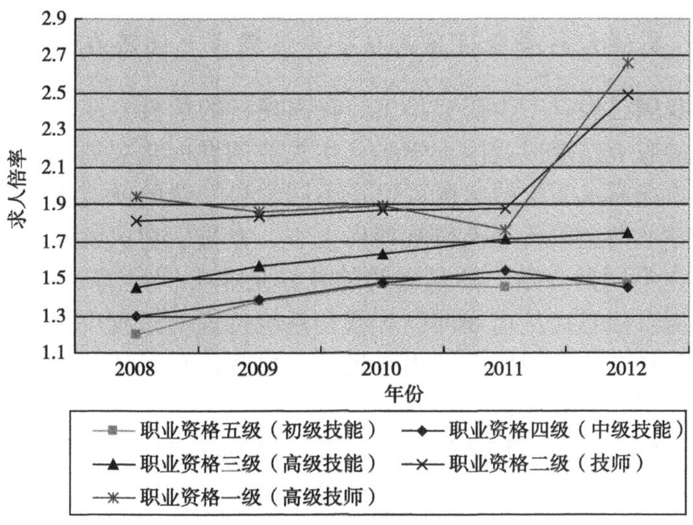

图 6.12　2008—2012 年分技术等级求人倍率（岗位空缺与求职人数的比率）的变化（职业资格方面）

资料来源：根据人力资源和社会保障部网站各年度数据整理。

① 杨河清，肖鹏燕．我国大学毕业生就业市场的总量与结构失衡［J］．中国人才，2009（11）：49－52.

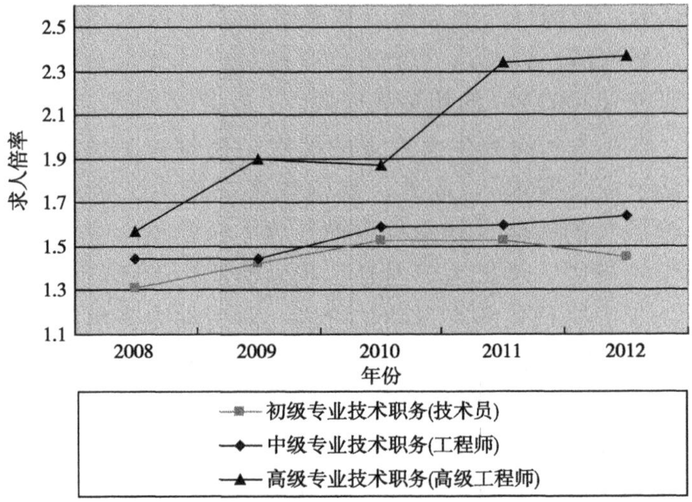

图 6.13　2008—2012 年分技术等级求人倍率（岗位空缺与求职人数的比率）的变化（职务等级方面）

资料来源：根据人力资源和社会保障部网站各年度数据整理。

6.2.2　高校学科专业设置与社会发展需求之间存在差异

目前，我国已经有不少研究指出，我国现行的学科专业设置和劳动力市场需求之间的脱节是造成我国大学毕业生失业问题的重要原因。学科专业设置同劳动力市场需求匹配的状况可以在不同学科专业的就业率差异上反映出来。从上一章节的全国普通高校规模以上本、专科生初次就业率统计可以看出，就业率在不同的专业、学科之间的差异是非常明显的，由此可以看出，人力资源的需求信息在从市场向高等教育系统传递的过程中出现了问题，造成了高校的学科专业设置同劳动力市场需求之间出现了错位。究其深层次原因，主要有以下几个方面：

首先，高校人才培养和学科专业设置的价值取向与社会要求之间存在差异。纵观高等教育发展史，学科专业设置是高校人才培养价值取向的重要标志。高等教育的目标在历史上呈现出了多样性，大体可以概括为三种目标：第一种为“以学科为本位”；第二种为“以人为本位”；第三种为“以职业为本位”。与此相适应的学科专业设置的价值取向也经历了变化：“以学科为本位”的学科专业设置价值取向强调学科专业设置遵从学科知识之间的内在逻辑，主张培养能对知识、学术、学科的发展做出贡献的学术型人才；“以人为本位”的学科专业设置价值取向力求使学生获得全面的知识和技能以及塑造人生观、价值观和职业道德，而淡化教育的专业特征，主张围绕学生的个性对学科专业进行设置，实施自由教育；“以职业为本位”的学科专业设置价值取向主张培养各种应用型人才，让学生获取某一职业的专业知识和技能。

在现阶段，这三种价值取向在某种程度上来说都是合理的，但是问题是，平衡各种价值追求对高校来说本身就比较困难，需要高校正确分析社会经济发展的人才需求，权衡自身的办学条件，在学科专业设置价值取向上做出正确选择。目前对于我国而言，一方面，需要大量普通高校采用“以职业为本位”的学科专业价值取向，培养应用型人才；另一方面，则需要少量研究型高校采用“以学科为本位”的学科专业价值取向，培养研究型人才。然而我国目前的情况是，大量的普通高校争当研究型综合大学，造成学术型人才培养过剩的局面；即便是对于以“以职业为本位”为学科专业设置价值取向的高校而言，社会上的专门化工作多达几千种，高校的学科专业无法设置到如此细化的水平。即使我国目前正在着力培养复合型人才，实行“宽口径、厚基础”的人才培养模式，但专业设置的口径仍然过于狭窄，高校毕业生在专业上的适应性差，缺乏关键性的专业能力，从而导致专业结构性矛盾。

其次，高校专业设置同职业划分的标准存在差异，专业结构同职业结构之间存在固有矛盾。学科发展的内在逻辑和社会职业的分工是高校分专业进行人才培养的基础。从本质上讲，高校按专业进行人才培养的目标是使学生在大学期间所学到的专业知识可以应用于职业领域，实际上是发展建立在通识教育基础之上的专业教育。但是实际上，专业与职业的划分标准和结构并不是完全相同的，两者之间存在固有矛盾。

现代工业的发展造成了社会职能分工的细化，随即产生了各种职业。在工业化发展阶段，每一种活动都形成了固定的知识、经验和技能，由此逐渐发展成为职业。在职业形成的最初阶段，高等教育的专业与之没有必然联系，而随着社会的不断进步，科学技术水平不断提高，职业对人们知识、技能、素质的要求不断提高，需要以与之相适应的高等教育为基础，于是高校学科专业的设置便同职业产生了越来越紧密的联系，专业指向职业，而职业又需要专业来依托。但是，两者之间又是有区别的。其一，两者在数量上的差异很大。“专业种类的数量级一般为十的三次方，而职业种类的数量级为十的四次方。专业与职业的数量比至少为1:10，每一个专业可以对应多个职业，而每一个职业又有多个岗位，所以这里就存在一个针对性和适应性的问题。”①由此可以看到，学科专业分类与职业门类划分在数量上的不同难免会造成两者在结构上的失衡。其二，两者在功能上的差异也很大，职业为劳动者就业提

① 王生洪．高等教育为地方经济服务［M］．上海：同济大学出版社，1997：141.

供规范、统一、客观的资格要求和从业依据，而专业为学习者提供培养人才的主要领域、业务规格和就业方向。

目前，我国高校按照教育部1998年颁布的专业目录进行学科专业设置，这一目录与以往相比拓宽了专业基础，压缩了专业种数，在专业设计方向上强调柔性设计，可以说，拓展了大学生在职业选择上的多样性和可能性，同时增强了大学生就业的适应性。但是从另一个角度看，高校学科专业同社会职业之间的联系和针对性则大幅度降低了，这就导致了高校人才培养在满足一些专业性较强的人才需求的时候效果不佳。专业口径过于宽泛造成了在人才培养过程中对专业知识和技能的培养不足，使得毕业生丧失了在就业中的比较优势，在一定程度上导致了大学毕业生失业现象。

最后，高校人才培养的学科专业调整具有滞后性，高校专业人才一般要有三年以上的培养周期，无论怎样设置都无法及时跟上劳动力市场的需求，尤其是我国目前处在一个产业、就业、技术结构等方面迅速转型的阶段，经济发展与科学技术的变化更新日新月异，加上各种不确定因素，使得高校对于专业预测的准确性越来越低，不同学科专业人才供求失衡的现象难以避免。近些年相关统计资料表明，企业对各类专业技术和管理人才需求变化的速度是高等院校专业设置速度的2至4倍，大学生进行专业选择的时候，某些专业可能还是热门专业，等到几年后大学毕业的时候，这些专业则有可能已变成冷门专业。

6.2.3 高校对大学生就业能力的培养不能很好地满足用人单位需要

对于作为人才需求方的用人单位而言，大学生就业能力能够满足工作岗位的需要是其对大学毕业生的招聘和持续雇佣的基础，如果毕业生缺乏在岗位上的基本就业能力，在劳动力市场上就存在失业的风险。对于受教育者个体而言，学生为了获得知识和技能并在日后能将这些知识和技能转化为谋生手段而进入高校进行人力资本投资，提升未来职业所需要的能力成为其进行高等教育投资的重要目标。国际劳动组织是这样定义就业能力的："受教育者个人通过教育和培养的过程，在工作中应对各种变化的情况，实现个人的进步（如晋升），从而保持体面工作。对于受教育者个人而言，就业能力取决于他们自身的知识、技能、态度等。"作为承担人才培养职责的高校无疑对大学生就业能力起到了至关重要的影响，但是从我国的现实情况来看，近年来始终没有迹象表明我国高校对大学生就业能力的提升有所重视，高校人才培养对于毕业生应当具有怎样的能力缺乏认识，对能力开发的目标不够明确，缺乏合理的职业或者就业导向。在此情况下，大学生缺乏对用人单位能力要求的了解，缺乏明确的就业方向。我国高校在培养大学生就业能力方面有很多欠缺之处，主要表现在三个方面：

首先，高校对于大学生就业能力的提高方面认识不足。根据国际劳动组织对就业能力的定义，我们应该认识到，就业能力不仅仅指大学生获得就业岗位的能力，还包括维持工作并获得职业发展的能力。目前大部分高校对就业能力的认识不够，只注重大学毕业生的初次就业率，在人才培养上往往只重视学生暂时获得就业机会的能力，比如求职技巧、处理就业信息的能力等，可以说是一种短期行为，而没有把学生就业能力的培养贯穿于人才培养的各个环节中，没有为学生未来取得职业发展和成功提供必要的能力开发活动，使大学毕业生在工作岗位上缺乏就业能力，失业风险较大，有相当多的大学毕业生因满足不了用人单位的需求而被解雇。

其次，高校忽视了为社会输送劳动力这一高等教育的基本功能。我国高等教育进入大众化阶段以来，各种类型高校的数量急剧增加，很多高校对自身的定位不够明确，争当国内一流或者地方一流成为其中很多高校的目标定位，它们盲目追求科研成果，忽视了为社会培养各种专门人才这样一个最基本的功能，因此造成了对大学生就业能力培养的忽视。一些以培养应用型人才为目标的高校实际上也缺乏对人才培养模式的定位，学校在人才培养模式上存在雷同的现象，使得培养出来的大学毕业生的就业能力与劳动力市场需求脱节，影响了高校的人才培养质量。具体而言，曾湘泉（2004）通过调查发现，高等教育的突出问题是在培养大学生的职业道德、职业操守、对工作的态度以及人际交往能力方面存在比较大的问题，工作岗位所需的专业知识、能力、技术水平没有在人才培养的过程中得到很好的强化。杨河清（2008）对北京市大学生劳动力市场需求进行了调研，结果表明，大学生在就业能力方面没有满足用人单位的期待，高校人才培养并没有在提高大学生的敬业精神、实践能力和人际交往能力等方面做出应有的贡献，使得大学生的就业能力同劳动力市场需求存在较大的差距。此外，《中国就业战略报告 2008—2010》提供的数据显示，60% 的企业中本科毕业生的知识结构与岗位要求不符，相差较大；认为在大学所学到的知识与岗位的需求相差较大的毕业生达到三成，认为在大学学习的知识已经完全落后于岗位要求的毕业生也达到三成。报告认为，高校应该为现阶段我国本科毕业生的就业能力不足承担主要责任，高校人才培养在提升大学生能力方面非常欠缺，导致与产业界的期望存在较大的差异①。这在一定程度上促使企业改变招聘策略，更多地依靠社会

① 资料来源：中国青年报，2010 年 6 月 24 日版，转引自 http：//news. ell. cn/html/2010/gdjy/589/20100624100602 - 1277345162892790282. htm。

招聘而不是校园招聘，提升了大学生求职的难度，造成了大学生失业现象。

最后，高等教育较为浓重的行政计划色彩造成了人才培养的同质性。在人才培养特别是大学生就业能力的培养方面，高校作为同大学毕业生联系最为紧密的主体，掌握第一手就业统计数据，全程观测高校毕业生的就业过程。但是，在计划色彩浓重的高等教育体制下，全局性控制的管理方式使得管理目标和管理模式趋同，很容易造成产品过于同质性，各高校在提升大学生就业能力方面没有政策引导和激励，主动性不强。如果高校能够在市场环境下充分发挥自身的特点，独立决策，使其人才培养特别是提高大学生就业能力方面呈现特色，大大提高产品的异质性，则可以缓解在同劳动力市场需求对接过程中的这一结构性矛盾。

6.3 大学生职业价值观分析

根据前面的分析，大学生作为供给一方，其职业价值观对供求匹配起着很重要的影响。随着我国高等教育由精英化向大众化转变，大学生需要从观念上适应这样的变化。从大学毕业生分类别就业现状可以看到，不同地域、不同性质单位的大学毕业生的就业比重差异是明显的，这从一定程度上反映了我国大学生职业价值观的一些特点和问题，主要表现在以下几个方面。

6.3.1 大学生的职业标准呈现出“货币化”和“稳定化”的特点

中华英才网发布的《第十一届中国大学生最佳雇主调查报告》① 显示，在校大学生预期的工作单位中国有企业居于首位，达到34.31%，合资企业次之，比例为19.25%，如图6.14所示。而如果我们宏观上将各类企业分为体制内单位（包括政府机关、事业单位和国有企业）和体制外单位（包括民营企业、合资企业、外商独资企业），那么可以看出，对体制内单位的求职预期超过半数，说明在校大学生更加偏好体制内单位。

大学生呈现出这样的选择偏好的原因在于，我国高等教育的花费并不小，大部分家庭承担了较大的教育成本，自然对大学生的就业寄予非常高的期待，希望自己的孩子能够找到收入较高且稳定的工作，这在很大程度上影响了大学生的就业观念和就业行为。中华英才网发布的《第十一届中国大学生最佳雇主调查报告》显示，在校大学生对不同职业发展目标追求的排序中，“获得良好的

① “中国大学生最佳雇主调查”由中华英才网（www.chanaHR.com）发起，第十一届中国大学生最佳雇主调查于2013年9月开始，采用网络在线调查和入校实地调查结合的方式收集问卷，收回问卷121 459份，其中有效问卷113 410份；在校大学生样本91 357份，雇主样本22 053份。

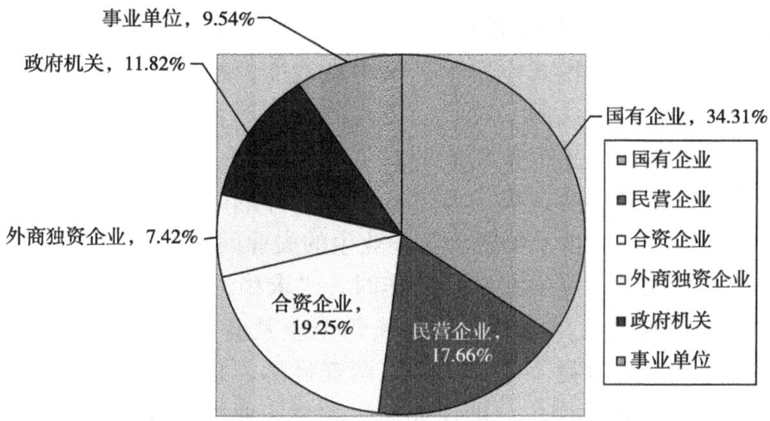

图 6.14　2013 年在校大学生预期的不同性质就业单位占比统计图

资料来源：《第十一届中国大学生最佳雇主调查报告》。

经济回报”排名第二，“工作稳定、有保障”排名第三，如表 6.13 所示。

表 6.13　2013 年在校大学生对不同职业发展目标追求的排序表

目　　标	排名
得到社会的认可和尊重	1
获得良好的经济回报	2
工作稳定、有保障	3
很好地平衡工作与生活的关系	4
自由从事感兴趣的工作	5
在专业领域有所建树	6
不断挑战、超越自我	7
创业，拥有自己的一番事业	8
成为领导者，拥有权力	9
用自己的所学为社会创造价值	10

资料来源：《第十一届中国大学生最佳雇主调查报告》。

从收入状况来看，不同单位性质之间收入水平的差距是比较明显的。清华大学中国经济社会数据中心和教育研究院于 2010 年进行的中国大学生就业追踪调查显示，按工作性质区分，外资企业的月平均工资为 2 741 元，成为收入最高的单位，国有企业月平均工资为 2 238 元，党政机关及事业单位的月平均工资为2 112元。民营企业和集体企业等其他类型企业的月平均工资则都在2 000元以下，低于全国平均水平①。实际上，近年来我国的市场经济体制不断完善，大学生的就业模式也发生了根本性改变，把经济收入作为进行职业选择的重要考虑因素、找到一份收入较高的工作等是大学生的普遍心理，这也无可厚非。但是，如果仅仅将职业或工作物化为一定的收入，把经济回报看得过于重要，则必然会造成毕业生在职业选择的时候摇摆不定，延长就业选择的时间，在一定程度上加剧大学毕业生的失业问题。

此外，多数大学毕业生在寻找工作时，“求稳性”心理仍然占有很大比例，倾向于体制内单位，而不愿意去民营企业就业。随着我国经济的发展，民营企业的劳动力需求量不断增加。有调查显示，我国的民营企业提供了劳动力市场上75%的就业岗位。即便如此，大学毕业生并没有对民营企业表现出很大的兴趣和热情，在他们的眼中，民营企业工作的稳定程度远不如党政机关和事业单位，如果在工作岗位上没有为企业创造出相应的价值，就会面临被解雇的风险，在经济不确定性的影响下，民营企业就更不如体制内单位稳定；还有许多大学生主观上认为民营企业待遇较差、福利不高、工作环境较差、管理不完善。而在选择了民营企业的大学毕业生中，有相当一部分的人把工作看作跳板，待将来寻求收入更高、更稳定的工作。

6.3.2 大学生就业区域的选择多为发达地区和大中城市

中华英才网发布的《第十一届中国大学生最佳雇主调查报告》显示，近三年来，在校大学生在求职时最优先考虑的三个城市为北京、上海和广州，如表6.14所示，2013年将这三个城市作为首选地的在校大学生比例总计21.8%，三个城市分别为15%、5.1%、1.7%。从全国范围来看，2013年在校大学生的求职预期集中于华东和华北地区，首选这两个地区的学生比例分别占到30.41%和27.54%，而选择中部和西部地区的学生比例非常少。

表6.14 2011—2013年在校大学生的求职优先选择 单位:%

城市	2011年	2012年	2013年
北京	9.1	26.3	15.0
上海	5.2	8.5	5.1
广州	3.8	3.8	1.7
合计	18.1	38.6	21.8

资料来源：《第十一届中国大学生最佳雇主调查报告》。

① http://shengya.eol.cn/xin_chou_dai_yu_8782/20120713/t20120713_808899.shtml.

许多大学生认为，毕业后如果能在大城市、经济发达地区就业，则表示自己的各种实力和能力得到了更多的认可。在他们眼里，大城市的就业机会多，个人的发展前景好，能够施展自己才华的可能性更大，而在经济欠发达地区，实现上述方面的可能性将远远降低。发达地区的社会保障体系较完善，保障力度高于欠发达地区，大学生在发达地区就业相对来说更容易获得各种保障。所以，来自发达地区的大学毕业生自然想留在发达地区就业或者去更理想的城市就业，而来自欠发达地区的学生出于各方面的考虑不想在原来的基础上徘徊，也把发达地区作为就业地的首选。但是，不论从人口密度还是从资源的集中程度来看，大城市都处于相对饱和的状态，尤其是像北京、上海、广州这样的一线城市，已经越来越无法为每年递增的大学毕业生提供足够多的就业岗位，大学生这种在发达地区就业的偏好与发达地区实际工作岗位需求的矛盾造成了许多大学生过着“高不成低不就”的日子，在一定程度上造成了大学毕业生失业的现象。

6.3.3 大学生创业意识淡薄

当前，在我国大学生就业形势比较严峻的情况下，创业成为实现大学生就业的一个有效方式，但是大学生受到传统观念的影响，普遍缺乏创业的信心和勇气，也没有做好准备承担创业的风险。中华英才网对2013年在校大学生毕业后的计划进行了调查，结果显示，打算自行创业的大学生比率最低，仅仅占3.18%，具体数据见图6.15。李宝莹（2010）在《大学生创业障碍及其突破》①一文中指出，高校人才培养也应该为大学生创业困难承担一定的责任，高校没有把创业教育纳入正规的教育体系，造成了创业方面的培训缺乏，一方面使得大学生在创业目标的定位、项目的选择和投资收益等方面具有很强的盲目性，另一方面使得大学生不具备创业所需的知识和能力。创业不仅需要丰富的知识积累，还需要对行业和商机有敏锐的洞察力，传统的人才培养模式显然不利于大学生创业意识的培养。

我国大学生职业价值观的上述特点和问题，从一定程度上反映出大学生对于自身的定位不够准确。随着高等教育规模的扩大，大学毕业生数量日益增多，大学生已经不再像原来一样是稀缺资源，在大学生就业所面临的竞争压力日益增大的情况下，许多大学生的就业观念没有随着就业环境的变化而调整，对劳动力市场需求状况的了解不够准确，对自己的水平和条件把握得不够清晰，在就业过程中一味地追求待遇高、稳定和地域优势，盲目攀比的

① 李宝莹．大学生创业障碍及其突破［J］．北京劳动保障职业学院学报，2010（4）：23－25.

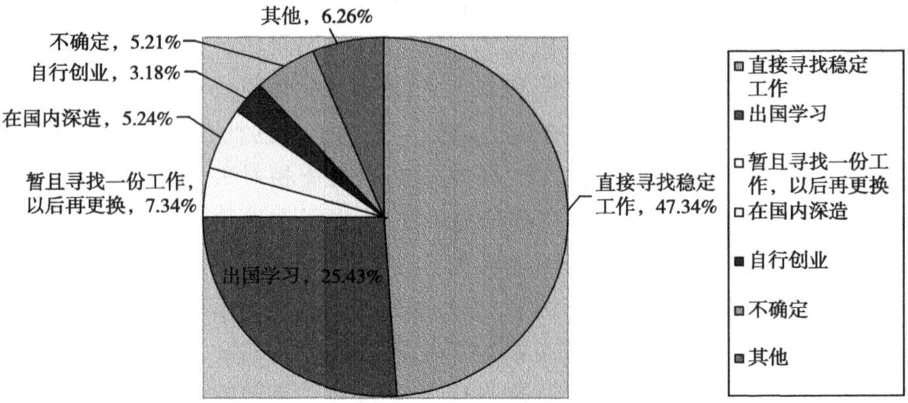

图 6.15　2013 年在校大学生对毕业后的不同计划占比统计图

资料来源：《第十一届中国大学生最佳雇主调查报告》。

现象严重，与此同时，创业意识的淡薄使得新的就业途径没有得到很好的开辟。这些原因在一定程度上加剧了大学毕业生的失业现象。

但是，我们也应该认识到，任何社会行为都是人们的理性选择，大学生偏好在东部城市和大中城市等发达地区就业，而不愿意去西部就业，偏好体制内单位而不愿意去中小企业就业，很大程度的原因在于社会资源的配置和流动问题。对于欠发达地区、体制外单位而言，不论是工资待遇、工作环境还是发展机会，各项条件都相对较差，资源和机会在大城市、发达地区和体制内单位聚集，使得欠发达区域和体制外单位自然成为大学毕业生的次要选择，这不是仅仅靠转变大学生的就业观念就可以有效解决的。从长远看，政府应当改善这些地区和单位的资源配置情况，为高校毕业生到这些地方和单位就业起到真正的引导作用。

6.4　小　结

这一部分，笔者对高校人才培养和劳动力市场需求显性失衡即大学毕业生失业问题的原因进行了分析，研究认为，造成这一失衡状态的原因主要体现在三个方面。

第一，供求双方在总量上呈现的“供需不均衡”状态主要由两方面的原因造成。

在高校人才培养规模方面，自 20 世纪末以来，我国高等教育自扩招年起每年都保持了很高的增长速度，造成了大学生劳动力在短期内供大于求的态势，就业率水平较低。可以说，大学毕业生初次就业率的较低水平同高校毕业生数量的迅猛增长有着比较直接的因果关系。但是从长远来看，一方面，我国的高等教育毛入学率同发达国家相比差距很大；另一方面，从发达国家的经验来看，大学生失业率的高低同高等教育的规模并不是天然具有联系。此外，我国国内生产总值（GDP）的变化趋势同我国高等教育毛入学率的变化趋势相当一致，表明我国高等教育规模的扩大是同我国现有的经济发展水平保持一致的。再从近年来我国高考报名和录取情况来看，仍有相当一部分高等教育的需求未得到满足。所以综合而言，并不能认为我国高等教育的扩张是造成大学生失业现象的根本性原因。而长期来看，高等教育规模的扩大也将为我国的发展起到推动作用。

在劳动力市场需求总量方面，我国低就业的经济增长模式、制造业的转型和升级过慢、第三产业发展严重滞后、行业垄断较为严重、民营中小企业的发展受到限制等因素共同导致了市场对大学生劳动力的需求不足，是造成大学毕业生失业问题的重要原因。此外，本书通过计算不同产业和行业对大学生的就业弹性和就业效应发现，我国第一产业升级过慢，整体上无法吸收新的大学生劳动力就业，在吸纳能力接近饱和的情况下，甚至有大学生劳动力从第一产业流出，流向第二、第三产业。我国第二、第三产业对大学生劳动力的吸纳能力强于第一产业，但是，第二产业创新不足，技术升级缓慢，升级速度不快，其中个别行业如建筑业、采矿业对大学生劳动力的吸纳作用极小；我国第三产业对大学生劳动力的吸纳作用较以往相比呈现下降的趋势，其中，水利、环境和公共设施管理业，文化以及教育等知识密集型现代服务业升级缓慢，制约了对大学生劳动力的吸纳作用，交通运输、仓储和邮政业等垄断行业虽然就业弹性较大，但是由于较为封闭，新增空缺岗位很少，吸纳大学生劳动力的数量有限。

第二，供求双方在结构上呈现明显的状态差异主要由三个方面的原因造成。

首先，高校人才培养的学历层次结构与劳动力市场需求失衡，主要原因在于各学历层次发展不均衡，尤其是高等专科毕业生数量无法满足高技能劳动力市场的旺盛需求。其次，高校培养人才的学科专业结构与劳动力市场需求失衡，主要原因为：高校人才培养和学科专业设置的价值取向与社会需求之间存在差异；高校专业设置同职业划分的标准存在差异，专业结构同职业结构之间存在固有矛盾；高校人才培养的学科专业调整具有滞后性。最后，高校人才培养的能力素质结构与劳动力市场需求失衡，主要原因为：高校对于大学生就业能力的提高方面认识不足；高校忽视了为社会输送劳动力这一高等教育的基本功能；高等教育较为浓重的行政计划色彩造成人才培养的同质性。

第三，我国大学生职业价值观的一些特点加剧了大学毕业生失业现象。

我国大学生的职业价值观表现出“货币化”和“稳定化”的特点；在就业区域的选择上青睐发达地区和大中城市；创业意识淡薄。这从一定程度上反映出大学生对于自身的定位不够准确。在高等教育规模扩大、大学毕业生数量日益增多、大学生就业面临的竞争压力日益增大的情况下，许多大学生的就业观念没有随着就业环境的变化而调整，对劳动力市场需求状况的了解不够准确，对自己的水平和条件把握得不够清晰，在就业过程中一味地追求待遇高、稳定和地域优势，盲目攀比的现象严重，与此同时，创业意识的淡薄使得新的就业途径没有得到很好的开辟。这些原因在一定程度上加剧了大学毕业生的失业现象。但是从长远来看，政府还应当在欠发达地区以及中小企业的资源配置方面加强政策改善，为高校毕业生到这些地方和单位就业起到真正的引导作用。

总之，以上原因造成了高校人才培养和劳动力市场需求对接的第一条结构链和第二条结构链的“连接不紧密”，导致了我国大学毕业生失业现象。

7 高校人才培养和劳动力市场需求隐性对接失衡分析——高等教育同职业匹配问题研究

大学毕业生失业问题是高校人才培养和劳动力市场需求失衡的一个典型的表征现象，可以说是“显性”问题；那些已经获取了工作的大学毕业生与劳动力市场需求的匹配程度则从另一方面反映了高校人才培养和劳动力市场需求的对接关系，这种匹配可以描述为培养规格上的匹配，决定着高校人才培养和劳动力市场需求对接第三条结构链连接的“紧密程度”。在当前我国国民受教育程度与发达国家甚至一些发展中国家相比尚有差距的情况下，对具有较高素质的大学毕业生资源的有效利用是非常重要的。高等教育和职业的匹配问题对高等教育和人才培养的发展起到至关重要的影响，这是本部分要讨论的内容。

7.1 研究思路

根据前面对高校人才培养和劳动力市场需求供求系统的分析，如果想实现供需的有效匹配和对接，高校人才培养应当以劳动力市场需求为导向，这是实现供求顺利对接的前提。但是在现实中，实现这一点是非常不容易的。前面已经分析到，包括“工作分析”这一常用工具在内的手段对于工作要求的辨认存在难度，加之大学毕业生作为高资历劳动者，所从事的工作为较高层次的工作，对工作任务的描述则更加困难。

因此，在考察那些已经获取了工作的大学毕业生与劳动力市场需求的匹配程度时，很难用一种非常客观的方法对两者的匹配程度进行衡量。而在这一点上，西方的测量方式值得借鉴，西方常用“过度教育”和“教育不足”这两个概念和标准来评判已经获取了工作的大学毕业生与劳动力市场需求的匹配程度。对于判定一国的教育是否处于“过度教育”和“教育不足”状态，学界的争论很大，但是，对于测量“过度教育”和“教育不足”的方法，学界已经达成了基本的共识，这一方法为本书研究我国高等教育同职业匹配的问题提供了很好的借鉴。

7.2 研究设计

高等教育和职业的不匹配现象主要分为两种情况，一种是高等教育高于工作需要，一种是高等教育低于工作需要，这两种情况的内涵是不一致的，背后的原因也是不同的，所以应该加以区别。西方学者倾向于用“过度教育”和“教育不足”来衡量高等教育与职业的不匹配问题，曾满超（Tsang，1987）用三种方式来测量过度教育和教育不足：测量劳动者是否满足了其就业期望；测量劳动者在其工作过程中是否完全使用了他们的教育成果；测量劳动者教育水平的回报程度如何。本研究借鉴这三种测量方式进行问题设计，直接询问被调研对象关于高等教育同职业匹配问题的实际感受，具体的调研内容如下：

第一，询问调研对象的就业期望是否被满足；

第二，询问调研对象的专业对口情况；

第三，询问调研对象的学历和工作所需的比较看法；

第四，询问调研对象对于他们收入与教育投入的比较看法；

第五，询问调研对象在大学所获取的知识、技能和能力与工作所需的比较看法。

在此需要强调的是，考察学历和工作的匹配关系时，没有办法知道学历背后包含的哪些内容同工作相关联，而高校人才培养同工作的匹配应该是全方位的，仅仅注重学历同工作的匹配情况而忽视知识、技能、能力的匹配是不够全面的，所以作为补充，问卷中根据冰山模型设计了知识、技能和能力三者与工作所需的关系。

具体而言，在问卷中设计的问题有“您觉得您现在的工作跟您当初进入大学的就业期望匹配吗?”“您觉得您在大学所学的专业和您的工作匹配吗?”“您觉得您的工作跟您学历的匹配程度如何？您的工作所需与您在学校学习的知识匹配吗？您的工作所需与您在学校学习的技能匹配吗？您的工作所需与您在学校培养获得的能力匹配吗?”“您觉得您目前的收入跟您的教育投入相比情况如何?”等。

本书除了要了解高等教育和职业的匹配状况，还要了解是哪些因素影响了高等教育和职业匹配状况。根据文献分析，本书概括了一些文献中关于高等教育和职业匹配状况的可能的影响因素，并设计在问卷中，观测现实情况究竟如何。在本书的问卷中设计了对于个人情况的调研，其中包括性别、工龄、职业类型、所在行业、单位性质、所在岗位类别、家庭收入阶层、毕业院校类型、转换工作次数等个人情况。

本书试图了解已经获取了工作的大学毕业生的各项指标与劳动力市场需求的匹配程度如何，目前我国对于大学毕业生缺乏跟踪统计系统，所以对这一问题进行实证研究需要通过问卷调研的形式进行。因资源限制，此次调研工作只在北京展开，以北京地区已经获取了工作的大学毕业生的工作与就业期望匹配情况，工作与学历的匹配情况，工作与专业的匹配情况，收入与教育投入的匹配情况，以及知识、技能和能力与工作所需的匹配情况为主因子，以他们的性别、工龄、职业类型、单位所在行业、单位性质、所在岗位类别、家庭收入阶层、毕业院校类型、转换工作次数等个人情况为背景因子，通过SPSS软件，对这些因子做频数分析和交叉分析。

7.3 数据分析

本次调研以问卷调查的形式（问卷模板见附录），历时一个月，在网络上发放问卷，共收回600份问卷，剔除大幅空白无效问卷8份，共收回有效问卷592份，有效率达98.7%。

7.3.1 调研对象基本情况

调研对象的基本情况如下：

第一，性别结构。在调研对象中男性占48.3%，女性占51.7%，男女比例大致持平。

第二，毕业时间分布。在调研对象中，7.0%的调研对象毕业于1999年以前（含），14.5%的调研对象毕业于2000—2008年（含），11.3%的调研对象毕业于2011年，19.4%的调研对象毕业于2012年，22.5%的调研对象毕业于2013年，详细数据见表7.1。

表7.1 调研对象的毕业时间分布情况

毕业时间	频　数	百分比（%）
1999年以前（含）	41	7.0
2000—2008年（含）	86	14.5
2009年	97	16.3
2010年	53	9.0
2011年	67	11.3
2012年	115	19.4
2013年	133	22.5

第三，毕业院校分布。在调研对象中，5.8%的调研对象毕业于清华、北大，毕业于其他985和211高校的有29.7%，毕业于一般高校的调研对象有31.6%，毕业于民办高校的最少，只有4.4%，详细数据见表7.2。

表7.2　调研对象最后学历的毕业学校类型

毕业的高校类型	频　数	百分比（%）
清华、北大	34	5.8
其他985和211高校	176	29.7
非985和211的省（市）属重点高校	169	28.5
一般高校	187	31.6
民办高校	26	4.4

第四，学历分布及专业分布。调研对象的最后学历分布情况见表7.3，其中大部分调研对象的最后学历集中在本科和研究生，比例达到86.7%。调研对象获取最后学历的专业类别主要集中在经济学、管理学，这两类的调研对象比例超过了50%，其次为工学和教育学，具体数据见表7.4。

表7.3　调研对象的最后学历分布情况

最后学历	频数	百分比（%）
专　科	79	13.3
本　科	323	54.6
硕士研究生	141	23.8
博士研究生	49	8.3

表7.4　调研对象最后学历的专业类别情况

最后学历的专业类别	频　数	有效百分比（%）
哲　学	10	1.7
经济学	161	27.2
法　学	34	5.7
教育学	55	9.3
文　学	26	4.4
历史学	4	0.7
理　学	46	7.8
工　学	63	10.6

续表

最后学历的专业类别	频　数	有效百分比（%）
农　学	16	2.7
医　学	22	3.7
管理学	155	26.2

第五，工作单位性质分布和行业分布。北京作为首都，是国家的政治、经济、文化中心，政府机构组织、事业单位、国有企业相对较多，所以本次调研对象所在单位分布情况有这个特点，调研对象所在单位属于政府机构组织的占到了4.0%，属于事业单位的占到了11.7%，属于国有企业的占到了15.4%，属于民营企业的占到了35.0%，具体数据见表7.5。而这些单位所在的行业除了国际组织没有涉及，其他各个行业均有所涉及。具体数据见表7.6。

表7.5　调研对象所在单位性质分布情况

所在单位的性质	频　数	百分比（%）
政府机构组织	24	4.0
事业单位	69	11.7
国有企业	91	15.4
港澳台等外资企业	122	20.6
民营企业	207	35.0
协会组织	2	0.3
其　他	77	13.0

表7.6　调研对象单位所在行业的分布情况

所在单位的行业	频　数	百分比（%）
农、林、牧、渔业	16	2.7
采矿业	4	0.7
制造业	35	5.9
住宿和餐饮业	28	4.7
金融业	89	15.0
房地产业	38	6.4
租赁和商务服务	22	3.7

续表

所在单位的行业	频　数	百分比（%）
信息传输、计算机服务和软件业	53	9.0
科学研究、技术服务和地质勘探业	18	3.1
卫生、社会保障和社会福利业	36	6.1
教　育	87	14.7
文化、体育和娱乐业	31	5.2
水利、环境和公共设施管理业	22	3.7
国际组织	0	0
交通运输、仓储和邮政业	14	2.4
电力、燃气及水的生产和供应业	8	1.4
建筑业	10	1.7
批发和零售业	18	3.0
公共管理和社会组织	63	10.6

第六，职业类型分布。在职业类型方面，大部分调研对象的职业集中在办事人员和有关人员，占到 42.1% 的比例，其次为专业技术人员，比例为 23.8%，而商业、服务业人员所占比例只有 8.3%，具体数据见表 7.7。

表 7.7　调研对象职业分布情况

职　业	频　数	百分比（%）
单位负责人	56	9.4
专业技术人员	141	23.8
办事人员和有关人员	249	42.1
商业、服务业人员	49	8.3
农、林、牧、渔、水利业生产人员	12	2.0
生产运输设备操作人员	8	1.4
其　他	77	13.0

第七，工作岗位类别分布。调研对象中，33.3% 为一般员工，即没有任何职务的员工。基层管理岗位的调研对象占到 26.0%，从事专业技术岗位中，高级专业技术岗的调研对象占 3.4%，中级专业技术岗的调研对象占 5.4%，初级专业技术岗的调研对象占 10.5%，具体数据见表 7.8。

表 7.8 调研对象的岗位类别分布情况

岗位类别	频　数	百分比（%）
高层管理岗	44	7.4
中层管理岗	83	14.0
基层管理岗	154	26.0
一般员工	197	33.3
高级专业技术岗	20	3.4
中级专业技术岗	32	5.4
初级专业技术岗	62	10.5

第八，家庭收入和所在地情况。根据前面的相关文献，个体的家庭背景因素会影响其对自身高等教育同职业匹配情况的估计，所以本问卷也设计了相关题目调查调研对象的家庭背景情况。结果显示，调研对象父母收入水平大部分集中在中等收入阶层，占到总数的 70.8%，而低收入阶层的比例达到 21.1%，具体数据见表 7.9。大部分调研对象的家庭所在地为大城市，比例达到 51.2%，来自中小城市的调研对象比例为 33.3%，来自农村的调研对象比例为 7.1%，具体数据见表 7.10。

表 7.9 调研对象家庭收入分布情况

父母收入水平	频　数	百分比（%）
高收入阶层	48	8.1
中等收入阶层	419	70.8
低收入阶层	125	21.1

表 7.10 调研对象家庭所在地分布情况

家庭所在地	频数	百分比（%）
农村	42	7.1
大城市	303	51.2
中小城市	197	33.3
小城镇	50	8.4

7.3.2 高等教育与职业匹配情况的调查结果

第一，工作与就业期望的匹配情况。调研对象中有 55.9% 的调研对象反映工作和就业期望匹配，超过了调研对象总数的半数；16.7% 的调研对象反映实际工作高于就业期望；27.4%的调研对象反映实际工作低于就业期望。调查结果见图7.1。

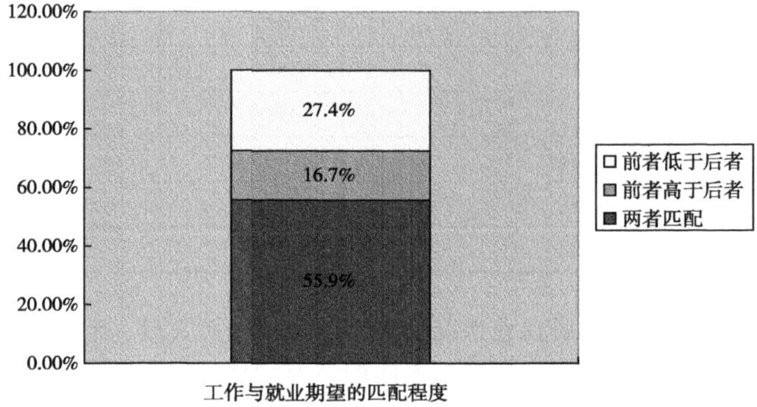

图7.1 调研对象关于工作与就业期望的匹配程度的回答

第二，工作与学历的匹配情况。调研对象中有57.9%的调研对象反映工作要求和学历匹配，超过了调研对象总数的半数；13.0%的调研对象反映工作要求高于所获学历；29.1%的调研对象反映工作要求低于所获学历。详细数据见图7.2。

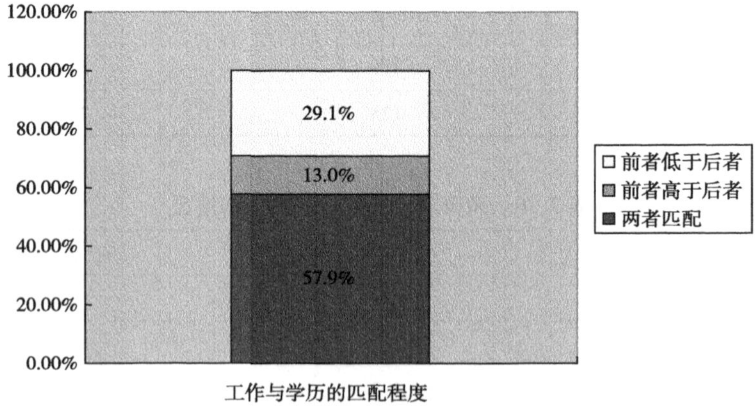

图7.2 调研对象关于工作与学历的匹配程度的回答

第三，工作与专业的匹配情况。调查结果显示，56.9%的调研对象反映所学专业同工作对口，超过了调研对象总数的半数；有43.1%的调研对象反映所学专业同工作不对口。具体数据见图7.3。

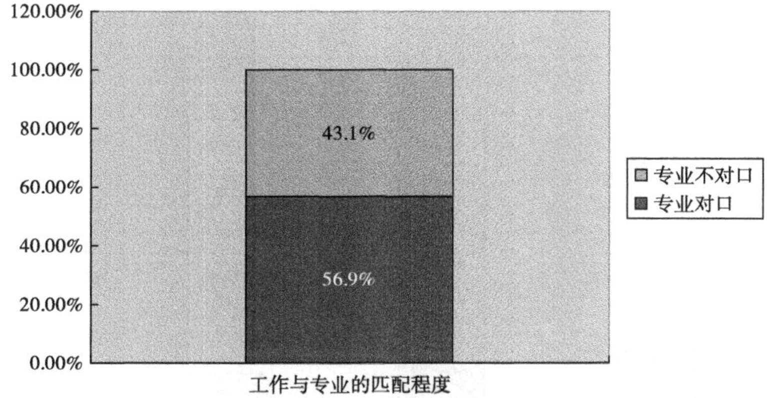

图 7.3 调研对象关于工作与专业的匹配程度的回答

第四，收入与教育投入的匹配情况。调查结果显示，有 49.2% 的调研对象反映收入与教育投入相当；13.3% 的调研对象反映收入大于投资教育的成本；37.5% 的调研对象反映收入要小于投资教育的成本。具体数据见图 7.4。

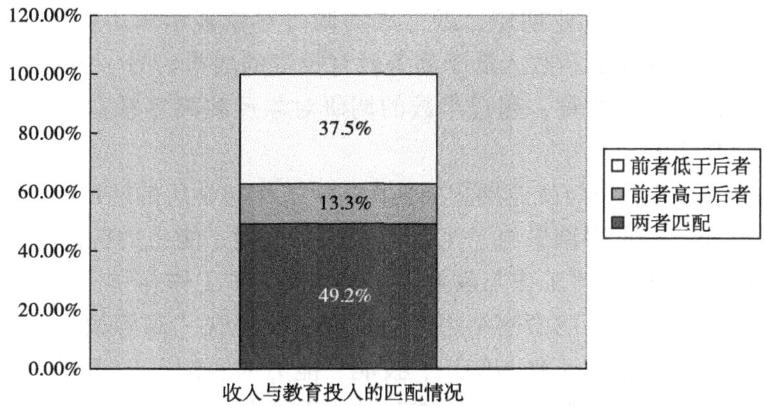

图 7.4 调研对象关于收入与教育投入的匹配情况的回答

第五，在具体问到在高校所获取的知识、技能和能力与工作所需的匹配情况时，与其他方面的考察结果有所不同的是，大部分调研对象选择了工作所需大于其在学校所获取的知识、技能和能力。其中，37.7% 的调研对象认为工作所需的知识高于在校所获取的知识，59.6% 的调研对象认为工作所需的技能要高于在校所获取的技能，63.0% 的调研对象反映工作所需的能力高于在校所获取的能力，如图 7. 5 所示。

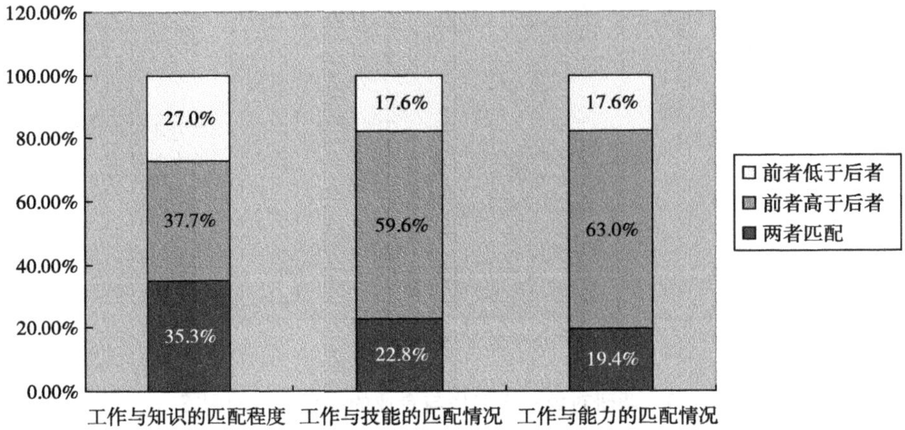

图 7. 5　调研对象关于工作与在校获取的知识、技能和能力的匹配情况的回答

以上调查结果表明，不论从个人就业期望的满足情况、在工作岗位上使用教育的情况还是教育投资收益情况进行考察，已进入工作岗位的大学毕业生的高等教育同职位的不匹配已经不是个别现象。一方面，近三成的调研对象表示工作没有满足就业期望，近三成的调研对象表示学历高于工作所需，超过三成的调研对象表示收入低于高等教育投资的成本。另一方面，从知识、技能、能力的角度来衡量，超过半数的调研对象反映高等教育的技能和能力教育低于工作需要。

可以看到，“工作与就业期望的匹配”“工作与学历的匹配”“收入与教育投入的匹配”的考察结果与“工作与知识、技能、能力的匹配”的考察结果略有不同，具体为，“工作与就业期望的匹配”“工作与学历的匹配”“收入与教育投入的匹配”的考察结果表明调研对象反映“高等教育高于工作所需”的比重更大，而“工作与知识、技能、能力的匹配”的考察结果表明调研对象反映“高等教育低于工作所需”的比重更大。

7. 3. 3　高等教育同职业匹配的影响因素分析

对于高等教育同职业的匹配情况的考察，主要从五个方面来进行，具体为：

第一，调研对象的就业期望同工作的匹配情况；

第二，调研对象的专业同工作的匹配情况；

第三，调研对象的学历同工作的匹配情况；

第四，调研对象的收入同教育投入的匹配情况；

第五，调研对象在学校所获取的知识、技能和能力同工作所需的匹配情况。

这五个方面的调研结果已经在上一节进行了整理。以下进一步分析究竟是哪些因素影响了高等教育同职业在以上方面的匹配结果。

7.3.3.1 工作与就业期望、学历以及教育投资收益匹配情况的影响因素分析

列联分析的结果显示，如果以“就业期望的匹配”来考量高等教育同职业的匹配，则与之相关的有工龄、最后学历、专业、职业类型、工作单位性质、所在行业；如果以“学历的匹配”来考量高等教育同职业的匹配，则与之相关的有最后学历、专业、职业类型、工作单位性质、岗位类别、家庭所在地；如果以“教育投入的匹配”来考量高等教育同职业的匹配，则与之相关的有工龄、最后学历、专业、职业类型、工作单位性质、所在行业、岗位类别、家庭所在地，具体见表7.11。

表7.11 以不同方面来考察影响高等教育同职业匹配的因素

高等教育与职业匹配的考察方面	影响因素
工作与就业期望的匹配情况	工龄、最后学历、专业、职业类型、工作单位性质、所在行业
工作与学历的匹配情况	最后学历、专业、职业类型、工作单位性质、岗位类别、家庭所在地
收入与教育投入的匹配情况	工龄、最后学历、专业、职业类型、工作单位性质、所在行业、岗位类别、家庭所在地

而其他个体因素似乎和这些考察方面无关。例如，关于性别和就业期望的列联分析得出表7.12及表7.13的结果，即表明性别差异对于工作与就业期望的匹配情况的回答没有显著差别。

表7.12 性别和就业期望的列联分析的结果

卡方检验	值	df	渐进 Sig.（双侧）
Pearson 卡方	4.766*	2	0.092
似然比	4.778	2	0.092
有效案例中的样本数	592	—	—

注：*0单元格（.0%）的期望计数少于5，最小期望计数为39.13。

表 7.13 利用就业期望来衡量高等教育同职业的匹配情况 单位:%

性别	就业期望高于工作	就业期望低于工作	两者匹配
男	23.8	39.9	36.3
女	30.7	28.1	41.2
总　计	27.4	33.8	38.8

如果将置信度设置在99%，列联分析的结果表明，无论是从以上哪个方面来考察高等教育同职业的匹配情况，最后学历、专业、职业类型、工作单位性质都与之相关，说明这几个因素对于高等教育同职业的匹配情况有显著影响。

下面给出这些因素影响下的高等教育同职业的匹配情况。

(1) 不同学历毕业生的高等教育同职业的匹配情况

如表 7.14 所示，在"工作与就业期望的匹配"方面，反映"工作低于就业期望"的比重随着学历的升高而升高；在"工作与学历的匹配情况"方面，反映"工作低于学历"的比重呈现出博士研究生 < 专科及以下 < 本科 < 硕士研究生的情况；在"收入与教育投入的匹配"方面，反映"收入低于教育投入"的比重大体上也随着学历的升高而升高。

表 7.14 不同学历毕业生的高等教育同职业的匹配情况 单位:%

学历	工作与就业期望的匹配			工作与学历的匹配			收入与教育投入的匹配		
	前者低于后者	前者高于后者	两者匹配	前者低于后者	前者高于后者	两者匹配	前者低于后者	前者高于后者	两者匹配
专科及以下	21.5	24.1	54.4	26.5	16.5	57.0	24.1	24.1	51.8
本科	24.8	18.2	57.0	29.1	13.3	57.6	40.9	13.6	45.5
硕士研究生	30.5	16.3	53.2	35.4	12.1	52.5	40.4	9.2	50.4
博士研究生	44.9	12.2	42.9	20.4	0.0	79.6	57.1	10.2	32.7

(2) 不同专业毕业生的高等教育同职业的匹配情况

如表 7.15 所示，不同专业的毕业生在回答高等教育同职业的匹配情况的时候差异很大，具体为，在"工作与就业期望的匹配"方面，反映"工作低于就业期望"的比重最大的为历史学专业的毕业生，其次为工学和教育学专业的毕业生，而反映"工作高于就业期望"的比重最大的为农学专业的毕业生，其次为文学和管理学专业的毕业生；在"工作与学历的匹配"方面，反映“工作低于学历”的比重最大的为教育学专业的毕业生，其次为哲学和理学专业的毕业生，反映“工作高于学历”的比重最大的为理学专业的毕业生，其次为教育学和农学专业的毕业生，而文学、历史学和医学专业的毕业生全部认为工作与学历匹配；在“收入与教育投入的匹配”方面，反映“收入低于教育投入”的比重最大的为管理学专业的毕业生，其次为法学和教育学专业的毕业生，反映“收入高于教育投入”的比重最大的为历史学专业的毕业生，其次为文学和工学专业的毕业生。

表 7.15　不同专业毕业生的高等教育同职业的匹配情况　　单位:%

专业	工作与就业期望的匹配			工作与学历的匹配			收入与教育投入的匹配		
	前者低于后者	前者高于后者	两者匹配	前者低于后者	前者高于后者	两者匹配	前者低于后者	前者高于后者	两者匹配
哲　学	30.0	10.0	60.0	40.0	0.0	60.0	10.0	20.0	70.0
经济学	21.1	18.0	60.9	32.3	11.8	55.9	31.7	16.8	51.5
法　学	35.3	20.6	44.1	29.4	11.8	58.8	41.2	14.7	44.1
教育学	58.2	20.0	21.8	45.4	18.2	36.4	34.5	16.4	49.1
文　学	34.6	46.2	19.2	0.0	0.0	100.0	7.7	26.9	65.4
历史学	100.0	0.0	0.0	0.0	0.0	100.0	25.0	75.0	0.0
理　学	26.1	15.2	58.7	39.1	19.6	41.3	15.2	15.2	69.6
工　学	65.1	23.8	11.1	30.2	4.8	65.0	28.6	23.8	47.6
农　学	31.3	50.0	18.7	25.0	12.5	62.5	18.8	18.7	62.5
医　学	40.9	18.2	40.9	0.0	0.0	100.0	31.8	18.2	50.0
管理学	36.1	26.5	37.4	38.7	6.5	54.8	41.9	14.2	43.9

（3）不同职业类型毕业生的高等教育同职业的匹配情况

如表 7.16 所示，从不同职业类型毕业生的高等教育同职业的匹配情况来看，除了单位负责人外，其他职业类型的调研对象回答高等教育高于工作需要的比例全部超过回答高等教育低于工作需要的比例。

表 7.16　不同职业类型毕业生的高等教育同职业的匹配情况　单位:%

职业	工作与就业期望的匹配			工作与学历的匹配			收入与教育投入的匹配		
	前者低于后者	前者高于后者	两者匹配	前者低于后者	前者高于后者	两者匹配	前者低于后者	前者高于后者	两者匹配
单位负责人	14.8	29.6	55.6	14.8	35.2	50.0	16.7	37.0	46.3
专业技术人员	30.5	25.5	44.0	28.9	15.4	55.7	36.9	15.9	47.2
办事人员和有关人员	24.9	10.8	64.3	26.9	13.7	59.4	38.6	13.3	48.1
商业和服务人员	39.0	14.3	46.7	38.8	10.2	51.0	27.4	11.4	61.2
农、林、牧、渔、水利生产人员	58.3	16.7	25.0	75.0	0.0	25.0	25.0	16.7	58.3
生产运输设备操作人员及有关人员	25.0	0.0	75.0	37.5	0.0	62.5	25.0	12.5	62.5
其　他	35.1	16.8	48.1	36.4	7.8	55.8	31.2	14.3	54.5

(4) 不同工作单位性质毕业生的高等教育同职业的匹配情况

如表 7.17 所示，在“工作与就业期望的匹配”方面，反映“工作低于就业期望”的比重最大的为在协会组织工作的毕业生，其次为在其他单位和港澳台等外资企业工作的毕业生，而反映“工作高于就业期望”的比重最大的为在政府机关组织工作的毕业生，其次为在事业单位和国有企业工作的毕业生；在“工作与学历的匹配”方面，反映“工作低于学历”的比重最大的为在事业单位工作的毕业生，其次为在政府机关组织和港澳台等外资企业工作的毕业生，而反映“工作高于学历”的比重最大的为在国有企业工作的毕业生；在“收入与教育投入的匹配”方面，反映“收入低于教育投入”的比重最大的为在协会组织工作的毕业生，其次为在事业单位和政府机关组织工作的毕业生，反映“收入高于教育投入”的比重最大的为在国有企业工作的毕业生，其次为在政府机关组织和事业单位工作的毕业生。

表 7.17 不同单位性质毕业生的高等教育同职业的匹配情况 单位:%

单位	工作与就业期望的匹配			工作与学历的匹配			收入与教育投入的匹配		
	前者低于后者	前者高于后者	两者匹配	前者低于后者	前者高于后者	两者匹配	前者低于后者	前者高于后者	两者匹配
政府机关组织	16.7	37.5	45.8	37.5	20.8	41.7	41.7	20.8	37.5
事业单位	17.4	33.3	49.3	49.3	12.9	37.8	49.3	15.9	34.8
国有企业	20.9	31.9	47.2	25.3	20.9	53.8	28.5	36.3	35.2
港澳台等外资企业	32.8	13.9	53.3	31.2	13.9	54.9	39.3	12.3	48.4
民营企业	25.1	17.9	57.0	30.9	10.6	58.5	36.3	13.0	50.7
协会组织	100.0	0.0	0.0	0.0	0.0	100.0	50.0	0.0	50.0
其 他	35.0	19.5	45.5	15.6	7.8	76.6	37.7	14.2	48.1

7.3.3.2 工作与知识、技能、能力匹配情况的影响因素分析

列联分析的结果显示，在不同的考察方面，与高等教育同职业的匹配程度相关的因素不同，见表7.18。如果以“工作与在学校所学知识的匹配”来衡量高等教育同职业的匹配情况，则发现与最后学历、专业、职业类型相关。如果以“工作与在学校所学技能的匹配”来衡量高等教育同职业的匹配情况，则发现其与最后学历、专业、行业、职业类型、单位性质、工作岗位相关。如果以“工作与在学校所获能力的匹配”来考察，则发现其与最后学历、专业、职业类型、单位性质相关。

表 7.18 以不同方面来考察影响高等教育同职业匹配的因素

高等教育与职业匹配的考察方面	影响因素
工作与在学校所学知识的匹配	最后学历、专业、职业类型
工作与在学校所学技能的匹配	最后学历、专业、行业、职业类型、单位性质、工作岗位
工作与在学校所获能力的匹配	最后学历、专业、职业类型、单位性质

如果将置信度设置在99%，列联分析的结果表明，无论是从以上哪个方面来考察高等教育同职业的匹配情况，最后学历、专业、职业类型都与之相关，说明这几个因素对于高等教育同职业的匹配情况有显著影响。

下面给出这些因素影响下的高等教育同职业的匹配情况。

(1) 不同学历毕业生的高等教育同职业的匹配情况

在“工作所需和在学校所获取的知识、技能和能力的匹配”方面，调研对象回答高等教育低于工作需要的比例全部超过回答高等教育高于工作需要的比例。具体为，在知识的匹配方面，学历越高则回答高等教育低于工作需要的比例越小，而在能力和技能的匹配方面，大体是学历越高则回答高等教育低于工作需要的比例越大。具体数据见表 7.19。

表 7.19　不同学历毕业生的高等教育同职业的匹配情况　　单位：%

学历	工作与知识的匹配			工作与技能的匹配			工作与能力的匹配		
	高等教育低于工作需要	高等教育高于工作需要	两者匹配	高等教育低于工作需要	高等教育高于工作需要	两者匹配	高等教育低于工作需要	高等教育高于工作需要	两者匹配
专科及以下	45.6	19.0	35.4	53.2	26.6	20.2	55.7	19.0	25.3
本科	43.7	25.1	31.2	55.7	14.9	29.4	64.4	16.4	19.2
硕士研究生	38.3	26.2	35.5	60.3	25.5	14.2	54.6	28.4	17.0
博士研究生	40.8	16.3	42.9	63.3	16.3	20.4	67.3	12.3	20.4

（2）不同专业毕业生的高等教育同职业的匹配情况

通过这一具体指标来考察高等教育同职业的匹配情况发现，不同专业的调研对象在工作与知识、工作与技能、工作与能力的匹配上均存在较大差异。总体来看，在工作与技能的匹配、工作与能力的匹配两个方面，认为高等教育低于工作需要的调研对象占大多数。具体数据见表 7.20。

表 7.20　不同专业毕业生的高等教育同职业的匹配情况　　单位：%

专业	工作与知识的匹配			工作与技能的匹配			工作与能力的匹配		
	高等教育低于工作需要	高等教育高于工作需要	两者匹配	高等教育低于工作需要	高等教育高于工作需要	两者匹配	高等教育低于工作需要	高等教育高于工作需要	两者匹配
哲　学	20.0	60.0	20.0	60.0	20.0	20.0	50.0	30.0	20.0
经　济	31.1	32.9	36.0	60.2	12.5	27.3	63.4	18.6	18.0
法　学	58.8	23.5	17.7	58.8	17.7	23.5	64.7	11.8	23.5
教育学	23.6	54.5	21.9	70.9	9.1	20.0	54.5	36.4	9.1

续表

专业	工作与知识的匹配			工作与技能的匹配			工作与能力的匹配		
	高等教育低于工作需要	高等教育高于工作需要	两者匹配	高等教育低于工作需要	高等教育高于工作需要	两者匹配	高等教育低于工作需要	高等教育高于工作需要	两者匹配
文　学	38.5	30.8	30.7	61.5	15.4	23.1	61.5	15.4	23.1
历史学	100.0	0.0	0.0	100.0	0.0	0.0	100.0	0.0	0.0
理　学	47.8	23.9	28.3	50.0	23.9	26.1	73.9	8.7	17.4
工　学	58.7	22.2	19.1	57.1	17.5	25.4	63.5	20.6	15.9
农　学	50.0	25.0	25.0	50.0	12.5	37.5	37.5	25.0	37.5
医　学	45.5	18.1	36.4	63.6	18.2	18.2	54.5	18.2	27.3
管理学	31.6	29.7	38.7	56.2	20.6	23.2	65.2	10.3	24.5

(3) 不同职业类型毕业生的高等教育同职业的匹配情况

不同职业类型毕业生的高等教育同职业的匹配情况也存在差异。具体数据显示，调研对象回答高等教育低于工作需要的比例超过回答高等教育高于工作需要的比例。其中，在工作同知识、技能和能力的匹配方面，单位负责人回答高等教育低于工作需要的比例都非常高；在工作同技能和能力的匹配方面，专业技术人员、办事人员和有关人员回答高等教育低于工作需要的比例比较高。具体数据见表7.21。

表7.21　不同职业类型毕业生的高等教育同职业的匹配情况　单位:%

职业	工作与知识的匹配			工作与技能的匹配			工作与能力的匹配		
	高等教育低于工作需要	高等教育高于工作需要	两者匹配	高等教育低于工作需要	高等教育高于工作需要	两者匹配	高等教育低于工作需要	高等教育高于工作需要	两者匹配
单位负责人	50.0	27.8	22.2	63.0	11.1	25.9	70.4	11.1	18.5
专业技术人员	25.5	35.5	39.0	60.3	17.0	22.7	63.8	19.9	16.3
办事人员和有关人员	46.2	18.9	34.9	59.4	20.1	20.5	62.2	17.7	20.1
商业和服务人员	34.7	34.7	30.6	53.1	24.5	22.4	40.8	32.7	26.5

续表

职业	工作与知识的匹配			工作与技能的匹配			工作与能力的匹配		
	高等教育低于工作需要	高等教育高于工作需要	两者匹配	高等教育低于工作需要	高等教育高于工作需要	两者匹配	高等教育低于工作需要	高等教育高于工作需要	两者匹配
农、林、牧、渔、水利生产人员	50.0	16.7	33.3	33.3	0.0	66.7	50.0	16.7	33.3
生产运输设备操作人员及有关人员	25.0	37.5	37.5	0.0	75.0	25.0	25.0	75.0	0.0
其　他	61.0	10.4	28.6	74.0	10.4	15.6	79.2	10.4	10.4

7.4　高等教育同职业不匹配问题的原因分析

在本书中，对于高等教育同职业的匹配情况，从以下三个方面进行衡量，即个人就业期望的满足情况、在工作岗位上使用教育的情况以及教育投资收益情况，调查结果表明已进入工作岗位的大学毕业生的高等教育同职位的不匹配已经不是个别现象。总体来说，是以下原因造成了上述现象。

7.4.1　高等教育规模迅速增长及人才培养“同质化”弱化了教育信号

调查结果显示，近三成的调研对象表示工作没有满足就业期望，近三成的调研对象表示学历高于工作所需，超过三成的调研对象表示收入低于高等教育投资的成本，同时，不同学历、所学专业、所从事职业类型、所在工作单位性质在这些方面呈现出差异明显的情况。

斯潘思（Spence）的“信号传递”理论认为，在劳动力市场上，雇佣双方之间存在信息不对称的现象，一些外在的信息必须成为雇主进行雇员挑选的依据，于是教育承担了这样一个角色。所以，能力较高的人选择接受更高学历的教育，从而让自己在劳动力市场上被识别出来。当教育作为一种劳动力市场信号时，家庭更倾向于让孩子接受更高的学历教育以便在未来获得更好的工作。国家则出于满足人们对于高等教育旺盛需求的考虑，扩张高等教育规模，当高等教育规模扩大到一定程度的时候，教育层次从本科向硕士再向博士不断深化，造成了社会对学历投资产生过度的热情。

在高校人才培养方面，我国高等教育规模的扩大使得高校毕业生总量在短期内呈现供求失衡的状态，大学毕业生供给大于需求使得大学生处于相对弱势的地位。同时，高校普遍以“规模求大，学科求全，层次求高”作为自身发展的诉求，在学科专业设置、人才培养模式上非常趋同，重视理论教育，忽视能力教育，普遍存在“严进宽出”的现象，很难培养出具有鲜明特色和专长的大学毕业生，所以，高校毕业生“同质化”现象严重，教育的信号被弱化，使得作为需求方的用人单位无法确定求职者业务水平和技术水平的高低，只能把学历作为衡量差异性的标准。在这种情况下，高能力的人会选择继续接受更高层次的教育来证明自己的能力，以便将自己和其他人区别开来，获得更好的工作。

高校毕业生的相对工资水平并不高，清华大学中国经济社会数据中心2010年发布的大学生收入报告①统计结果表明，2010年大学应届毕业生的平均初始工资为每月2 153元，高于人力资源和社会保障部统计的农民工平均工资1 670元。为了避免失业的风险和利益的损失，高能力的劳动力出于理性选择，会增加对自己的教育投入以应对弱化了的教育信号，进而加剧了高等教育的收益低于投资成本的趋势。这应该可以解释为什么在调查结果中，反映“工作低于学历”“工作低于就业期望”“教育收益低于成本”的比例都基本上呈现出学历越高则比例越高的情况。

在调查中我们也发现，在国家党政机关、国企、事业单位工作的大学毕业生反映高等教育的学历水平高于工作所需的现象明显高于其他性质的单位和企业，之所以出现这一现象，除了上述原因之外，供求结构性失衡是另一方面的原因。在前面章节已经分析过，毕业生对于国有企业、机关、事业单位的总体就业评价明显高于其他单位，而这些单位对劳动力的需求非常少，导致了这些单位的劳动力供求比例更加不均衡，能够进入这些单位工作的高校毕业生往往需要更高的学历水平和综合素质水平，这就造成了在这些单位，高等教育的学历水平高于工作所需的现象更为严重。此外，我国教育制度与市场经济不配套，作为大学生劳动力的培养和供给者，高校依然处于计划色彩较浓的行政主导的体制环境中，需要遵守教育主管部门的计划规定及各项上报审批制度，对于劳动力市场对各专业人才的需求很难做出及时有效的反应和调整，这使得高等教育与职业不匹配的现象在不同专业上也存在较大差异。

7.4.2 人才市场信息机制不健全误导了人们的教育投资

根据斯潘思的“信号传递”理论，如果存在关于人才能力的信息不对称，

① 2010年清华大学中国经济社会数据中心和高等教育研究院开展了第一轮中国大学生调查。调查以院校的地理位置和学校类型为依据进行分层随机抽样，在全国2 305所高校中抽取了100所院校。首轮调查包括了100所高校中的19所。被调查的院校分布于全国11个省份，涵盖了各大地理区域。在每所院校随机抽取约300名应届毕业生，共有6 059名应届毕业生接受调查。

就会迫使有能力的人才去追求高学历，而建立健全人才市场信息传导机制是缓解这个问题的主要方法。也就是说，如果信息机制能让人才真实有效地显示其能力，那么一味追求高学历的现象就会减少。而在我国的劳动力市场，大多数领域还没有形成具有公信力的职业资格认证体系，对学历教育没有起到很好的补充作用。与此同时，我国的工资制度也尚不完善，同一时间、同一岗位的博士、硕士、本科毕业生之间的工资差异非常小，这导致了我国劳动力市场在选择劳动力时有着明显的高学历取向。这种没有以职业或工作需求为依据的高学历取向聘用人才的方式误导了人们对教育的投资，高学历者往往成为社会众多个体投资的首选目标。受教育者只能在教育成本和收益的配比过程中选择适合自身发展的投资，为了在激烈的竞争中脱颖而出，寻找到满意的工作，他们倾向于延长受教育年限，提高自己的学历水平，进而加剧了高等教育的收益低于投资成本的趋势。

7.4.3 市场需求信号不明确导致高校对大学生能力培养的欠缺

调研结果显示，从知识、技能、能力的角度来衡量，更多的调研对象回答高等教育低于工作的需要。其中，超过半数的调研对象反映高等教育的技能和能力教育低于工作需要。这样一个研究结论直接反映了我国高等教育中的一个重要问题，即在能力教育方面的欠缺，也就是说，不同层次的学历似乎没有相应提升教育投资者的技术和能力。

唐籁（2004）在《关于用人单位对大学毕业生需求行为的研究报告》一文中指出，用人单位眼中的大学毕业生在“敬业精神”“相关工作或实习经验”“沟通协调能力”三项素质上最为欠缺①。杨河清（2009）的研究则表明，用人单位对大学毕业生最不满意的前三项因素为工作经验、敬业精神和创新能力②。具体数据见表 7.22。

表 7.22 用人单位对大学毕业生就业人员的评价情况

年　份	2006 年		2009 年	
因素名称	得分	排名	得分	排名
专业能力	3.90	2	3.40	2
外语水平	3.55	6	3.19	3
工作经验	3.08	8	2.73	8

① 唐籁. 关于用人单位对大学毕业生需求行为的研究报告［J］. 经济问题探索，2004（11）：34－37.

② 杨河清主持课题“国际金融危机对我国不同群体的就业和劳动关系的影响”。

续表

年　份	2006 年		2009 年	
因素名称	得分	排名	得分	排名
学习能力	3.99	1	3.46	1
创新能力	3.49	7	3.08	6
团队合作力	3.83	3	3.13	5
敬业精神	3.73	5	3.06	7
其　他	3.76	4	3.14	4

可以看出，现阶段高等教育低于工作所需在我国表现为高校人才培养不能满足工作发展的需求。其主要原因在于：我国还没有形成劳动力市场需求同高校人才培养之间的联动反馈机制，工作对大学生素质能力的要求没有清晰的表达，没有明确的市场需求信号就很难指导高校的人才培养方向和目标。国外高等教育和外界的联系经历了和宗教、政治、经济再到和社会关联的发展过程；我国的现代高等教育发展时间并不长，人才培养和分配在很长的历史时期都带有计划性色彩，时至今日也未完全脱离，市场机制参与大学毕业生分配的时间不长且有相当长的路要走，我国的高等教育同经济和社会的关联也需要经过一个过程才能做到越来越紧密。在这样的背景下，大学毕业生的技能和能力同市场需求的差异将在未来很长时间内存在。

7.5 小　结

本书对于高等教育同职业的匹配情况，分别从个人就业期望的满足情况、在工作岗位上使用教育的情况以及教育投资收益情况进行考察。可以看到，这三个方面都包含着调研对象个人对预期和对现实的心理感受层面的判断。但是，人不是完全理性的，在回答任何关于心理感受的问题时有很多感性的因素，与此同时，在市场经济条件下信息并不是完全充分的，建立在这样条件下的个人预期和体验与实际需求的情况往往偏离很多。所以，这种基于个人预期和现实感受来判断高等教育同职业的匹配情况的方法实际上并不客观，缺乏坚实的基础，仅仅只能初步判断一个国家或地区的高等教育同职业的匹配情况。

“教育”对于个人而言是资本效应，但是对于社会来说则具有外部效应。社会进步不仅仅靠教育和工作的匹配这一个因素实现，社会的发展还需要依靠人类不断提升的思想水平和文化水平，而人类思想和文化水平带动社会发展的这一过程与以培养较高素质人群为责任的高等教育是密不可分的。仅仅关注高等教育同劳动力市场需求相互匹配的结果，而忽视高等教育对于经济、社会的巨大的具有前瞻性、引领性的带动作用，是非常片面的。教育所带来的其他效应是应该同样被关注的，这些效应有可能关于个人生活幸福等重要方面，是绝对不应该忽视的。所以，不论对于社会还是受教育者个人而言，对于教育效应的考察，不应该仅仅以高等教育同职业的匹配情况作为标准。

以上内容均表明，在这一章探讨的高等教育同职业的匹配问题，不论是从测量的方式还是从测量的初衷考量，在结果上尽管可以反映我国高等教育中的一些问题，但是只能初步判断我国高等教育同职业的匹配情况，并没有涉及教育的其他社会效应。对于完全依照高等教育同职业的匹配现状来衡量高等教育与劳动力市场需求对接情况的这一方法，国外已经有学者提出了质疑和批判。乌利希·泰希勒（UlriCh TeiChler）认为，需要在以下几个方面对高等教育同职业匹配的评价方法进行改进：

首先，需要不断地发展关于“职业成功”的概念，即需要对“职业成功”的衡量标准以及对高等教育同工作匹配的衡量标准进行重新界定。目前对于大学生就业问题的研究，大多以传统的工作成功的标准以及衡量就业的一般标准来进行。但是，不同的工作有时候并不完全具有可比性，比如对于社会学和牙科学，所涉及的专业和职业以及知识和工作任务之间的差异非常大，需要以不同的标准来进行判断。

其次，需要改善工作需求和胜任素质测评工具。太过于依赖毕业生或者雇主的申诉的测评标准是不够全面的，所以必须发明一些更加先进和有效的方式，更加科学合理地对高等教育同职业的匹配效果进行衡量。

最后，关于高等教育究竟在多大程度上对受教育者的就业和工作产生影响，必须发明一些更有说服力的评判标准，使得这一衡量更加科学。比如，不同专业的供给和学习的条件对于获取胜任素质和在工作中使用这些素质有何作用？一些来自高等教育的因素在多大程度上起作用？

8 研究结论和政策建议

8.1 研究结论

本书对高校人才培养和劳动力市场需求的对接机制进行了分析，认为有三条结构链连接的“紧密程度”对供求系统双方的耦合程度影响较为显著：第一条是高校人才培养规模同劳动力市场的需求总量之间的结构链；第二条是高校人才培养结构同劳动力市场的需求结构之间的结构链；第三条则是高校人才培养规格同劳动力市场的需求规格之间的结构链。

其中，第一条结构链和第二条结构链的“连接不紧密”造成了高校人才培养和劳动力市场需求之间的“显性”失衡，即大学毕业生失业问题。具体而言，第一条结构链的“连接不紧密”造成了大学毕业生总量性失业，即在供求总量上呈现“供需不均衡”状态，大学生总体失业率水平较高。第二条结构链的“连接不紧密”则造成了大学生结构性失业，在供求结构上呈现明显的状态差异。就学历层次而言，硕士毕业生的供求状态为“供求基本均衡”，本科毕业生的供求状态处在“供求基本均衡”与“供求不均衡”之间的临界状态，而专科毕业生的供求状态则处在“供求失衡”和“供求不均衡”之间的临界状态，专科毕业生供求失衡程度明显高于其他学历层次毕业生；就学科而言，工学专业毕业生处于“供求基本均衡”状态，哲学、经济学、文学、历史学、理学、农学、管理学、军事学学科基本上处于“供求不均衡”的状态，法学、教育学和医学学科基本上处于“供求失衡”的状态；就专业数量而言，5.8%的专业处于“供求均衡”状态，64.9%的专业处于“供求基本均衡”状态，26.9%的专业处于“供求不均衡”状态，2.4%的专业处于“供求失衡”状态。此外，从大学生在不同区域和不同单位性质就业的人数比例来看，在东部地区就业的比例明显高于中西部地区，而在企业就业的比例则明显高于其他性质单位，大学生在党政机关、事业单位就业的比重非常少，且呈现大幅减少的态势。

研究认为，这一失衡状态的原因主要体现在三个方面。

第一，供求关系在总量上呈现的“供需不均衡”状态由两方面原因造成。

在高校人才培养规模方面，自20世纪末以来，我国高等教育自扩招年起每年都保持了很高的增长速度，造成了大学生劳动力在短期内供大于求的态势，就业率水平较低。可以说，大学毕业生初次就业率的较低水平同高校毕业生数量的迅猛增长有着比较直接的因果关系。但是从长远来看，一方面，我国的高等教育毛入学率同发达国家相比差距很大；另一方面，从发达国家的经验来看，大学生失业率的高低同高等教育的规模并不天然具有联系。此外，我国国内生产总值（GDP）的变化趋势同我国高等教育毛入学率的变化趋势相当一致，表明我国高等教育规模的扩大是同我国现有的经济发展水平保持一致的。再从近年来我国高考报名和录取情况来看，仍有相当一部分高等教育的需求未得到满足。所以综合而言，并不能认为我国高等教育的扩张是造成大学生失业现象的根本性原因。而长期来看，高等教育规模的扩大也将为我国的发展起到巨大的推动作用。

在劳动力市场需求总量方面，我国低就业的经济增长模式、制造业的转型和升级过慢、第三产业发展严重滞后、行业垄断较为严重、民营中小企业的发展受到限制等因素共同导致了市场对大学生劳动力的需求不足。此外，本书通过计算不同产业和行业对大学生的就业弹性和就业效应发现，近年来，我国第一产业升级过慢，整体上无法吸收新的大学生劳动力就业，在吸纳能力接近饱和的情况下，甚至有大学生劳动力从第一产业流出，流向第二、第三产业；我国第二、第三产业对大学生劳动力的吸纳能力强于第一产业，但是，第二产业创新不足，技术升级缓慢，升级速度不快，其中个别行业如建筑业、采矿业对大学生劳动力的吸纳作用极小；近年来，我国第三产业对大学生劳动力的吸纳作用较以往相比呈现下降的趋势，其中，水利、环境和公共设施管理业，文化、体育和娱乐业，以及教育等知识密集型现代服务业升级缓慢，制约了对大学生劳动力的吸纳作用，交通运输、仓储和邮政业等垄断行业虽然就业弹性较大，但是由于较为封闭，新增空缺岗位很少，吸纳大学生劳动力的数量有限。

第二，供求关系在结构上呈现明显的状态差异，主要由三个方面的原因造成。

首先，高校人才培养的层次结构与劳动力市场需求失衡，主要原因在于各学历层次发展不均衡，尤其是高等专科毕业生数量无法满足高技能劳动力市场的旺盛需求。其次，高校培养人才的学科专业结构与劳动力市场需求失衡，主要原因为：高校人才培养和学科专业设置的价值取向与社会要求之间存在差异；高校专业设置同职业划分的标准存在差异，专业结构同职业结构之间存在固有矛盾；高校人才培养的学科专业调整具有滞后性。最后，高校人才培养的能力素质结构与劳动力市场需求失衡，主要原因为：高校对于大学生就业能力的提高方面认识不足；高校忽视了为社会输送劳动力这一高等教育的基本功能；高等教育较为浓重的行政计划色彩造成人才培养的同质性。

第三，我国大学生职业价值观的一些特点加剧了大学毕业生失业现象。

我国大学生的职业价值观表现出“货币化”和“稳定化”的特点；在就业区域的选择上青睐发达地区和大中城市；创业意识淡薄。这从一定程度上反映出大学生对于自身的定位不够准确。在高等教育规模的扩大、大学毕业生数量日益增多、大学生就业面临的竞争压力日益增大的情况下，许多大学生的就业观念没有随着就业环境的变化而调整，对劳动力市场需求状况的了解不够准确，对自己的水平和条件把握得不够清晰，在就业过程中一味地追求待遇高、稳定和地域优势，盲目攀比的现象严重，与此同时，创业意识的淡薄使得新的就业途径没有得到很好的开辟。这些原因在一定程度上加剧了大学毕业生的失业现象。但是从长远来看，政府还应当在欠发达地区以及中小企业的资源配置方面加强政策改善，为大学毕业生到这些地方和单位就业起到真正的引导作用。

此外，第三条结构链的“连接不紧密”造成了高校人才培养和劳动力市场需求之间的“隐性”失衡，即高等教育和职业的不匹配问题。

一方面，近三成的调研对象表示工作没有满足就业期望，近三成的调研对象表示学历高于工作所需，超过三成的调研对象表示收入低于高等教育投资的成本，同时，不同学历、所学专业、所从事职业类型、所在工作单位性质在这些方面呈现出差异明显的情况。另一方面，从知识、技能、能力的角度来衡量，更多的调研对象回答高等教育低于工作的需要。

造成这一现象的原因在于，一方面，高等教育规模的扩大使得高校毕业生总量在短期内呈现供求失衡的状态，同时，高校普遍以“规模求大，学科求全，层次求高”作为自身发展的诉求，在学科专业设置、人才培养模式上非常趋同，很难培养出具有鲜明特色和专长的大学毕业生，“同质化”现象严重，造成了教育的信号被弱化，使得作为需求方的用人单位无法确定求职者业务水平和技术水平的高低，只能把学历作为衡量差异性的标准。在这种情况下，高能力的人会选择继续接受更高层次的教育来证明自己的能力，以便获得更好的工作。另一方面，我国尚未形成劳动力市场需求同高校人才培养之间的联动反馈机制，缺乏具有公信力的职业资格认证体系，导致工作对大学生素质能力的要求不能有效地对高校人才培养进行引导。我国的现代高等教育发展时间并不长，人才培养和分配在很长的历史时期都带有计划性色彩，时至今日也未完全脱离，市场机制参与大学毕业生分配的时间不长且有相当长的路要走。我国的高等教育同经济和社会的关联也需要经过一个过程才能做到越来越紧密。在这样的背景下，大学毕业生的技能和能力同市场需求的差异将在未来很长时间内存在。

8.2 政策建议

8.2.1 高校人才培养层面

8.2.1.1 合理定位高校，实行分类办学

教育部制定的高校教育质量评估方案对大学的定位有明确的表述："所谓大学定位，主要是指根据经济和社会发展的需要，找准学校在人才培养中的位置，确定学校一定时期内的总体规划和目标，培养人才的层次、类型和人才的主要服务面向。这个目标定位可以是阶段性的，也可以是长期的，通常包括学校在国内外高等学校中的定位，也包含学校内部各要素如学科建设、师资队伍建设、人才培养模式等在学校发展中的定位。"①

高校所担负的职责是多样的，既要培养同社会经济发展相适应的合格的应用型人才，也要培养引领人类科技、文化发展的创造型人才。对此，需要对高校进行合理定位，实行分类办学。在这方面，国外的经验值得我们借鉴。美国实行的是双轨制的高等教育模式，即同时存在两种类型的高等院校，一种为研究型大学，另一种为职业高等院校。这两种大学的职责不同，功能和目标存在差异，教育教学方式也存在差异。研究型大学的职责和目标是培养科学家，以培养有较高学术水平的科研人员为主，通过教学和科研不断发展本学科的基础理论，这类大学主要将科研力量和成果作为衡量标准，如哈佛大学、斯坦福大学等。而职业高等院校则更加注重服务于社会，同时不断调整自身以适应不断变化的社会需求，其目标是培养具有熟练技能的工程师，以满足职业竞争的要求。这类学院被誉为总工程师的摇篮，如凤凰城大学、德锐大学等。当代，我国经济社会对高等教育的需求日益向多样化方向发展，迫切要求建立多层次、多类型、多导向的高等教育结构与之相适应，因此，我国可以借鉴国外的经验，结合我们的国情，制定高等教育改革的方向。具体而言，可以实现高等教育的双轨制发展模式，通过一些竞争和选拔机制，确定一批有研究特色和能力的大学作为研究型大学，着力培养各类研究型人

① 吴德洲．试论高校发展中的定位问题［J］．辽宁教育研究，2005（1）：20－32.

才，与此同时，发展一批以培养应用型人才为目标的职业高等院校，满足劳动力市场对高素质应用型人才的需求。

8.2.1.2 不断创新人才培养模式

人才培养模式是学校在人才培养工作上的指导思想和整体思路，是构建培养措施的前提和依据，也是人才培养活动的出发点和落脚点。我国高等教育经过了几十年的发展，在教育思想、教育理论、学科建设、课程体系、教学方法、管理体制等人才培养方面已经形成一定的模式。但是随着近年来经济、社会文化的发展，现有的高校人才培养模式已经滞后于社会的发展，具体表现为两个方面：一是人才培养模式同质化现象严重，某些高校由于缺乏科学定位，在专业设置、课程体系设置、培养方式上雷同，部分高校不顾实际办学条件，一味攀高、求全、求大；二是集权式管理方式依然大行其道，政府长期以来都是高校的举办者、管理者和监督者，使得大学缺乏应有的办学自主权，高校的人才培养模式受到政府的严重影响和制约，这在一定程度上导致高校习惯于“等、靠、要”，依赖政府，远离社会，远离市场，闭门培养，致使学生就业成为严重问题。对此，应当创新人才培养模式，可以在以下两方面有所作为：

一方面，强化复合型人才的培养。高校应该由培养专门人才转向培养复合型人才，应当以通识教育和素质培养为基础。在大学低年级开展通识教育，高年级开展专业教育，完善课程设置，实行学分制，设置学校的特色课程，使学生能够根据个人规划和喜好进行选课，同时，导师根据教学计划给予一定的指导。此外，应该加强综合素质教育，将通识课程、专业课程和跨学科课程进行整合，形成“综合性”课程模式，应以提高学生的创新能力、实践能力为目的，构建科学的学科知识体系，考虑各课程之间的相互融合。与此同时，要加强对学生的思想道德素质教育和心理健康教育，把培养学生博雅的情趣、优雅的气质和高尚的品格作为人才培养的重要目标，提高学生的综合素质。

另一方面，应与企业合作加强对学生的实践教育，提高大学生的就业能力。衡量大学人才培养水平的重要指标之一是企业对其培养人才的认可程度，因此高校应该与企业密切合作，建立高校实习培训基地，实行联合培养，使用企业资源安排大学生涯指导、在职培训和其他活动，让大学生体验工作岗位的实际工作，以提高大学生的实践能力和工作能力，提升专业素质、综合水平和参与市场竞争的能力。此外，企业和高校应当共同建立高校人才培养质量评估和反馈体系，使高校能够及时调整教学方式和内容，提高高校人才培养的效率，帮助高校不断满足企业对人才的动态需求。

此外，应加强创业教育，提高大学生创业能力。在我国，大学生创业的比例非常低，原因在于我国的大学还没有普遍地重视和发展创业教育。我们必须认识到，大学生自主创业是实现其持续就业的重要途径，也是解决大学生就业问题的重要手段。所以，应当建立和完善创业教育的有效机制，建立和完善创业教育课程，将创业教育、专业教育和就业教育相结合，明确创业教育的价值，积极进行创业教育教师队伍建设。在培养学生的实践能力和创新能力的同时，还要培养学生的抗挫折能力，提高其进行创业的勇气并学会处理好学习和创业的关系。与此同时，建立创业教育保障体系。

8.2.1.3　增强高校办学的自主性，优化学科专业设置

从20世纪80年代开始，在政府的授权下，高校可以自行制订教学计划，编写、使用教材，确定专业发展的方向。很多高校采取“学分制”管理，面向全校学生开放不受专业限制的课程，与此同时，推行双学位制、主辅修制和大类招生，以及学生入校后转学院、转专业等多种培养形式。但是从实际情况来看，课程组织的基层并不具备课程权力，在课程的运行过程中政府干预的情况还比较严重。大学课程的基层组织难以获得实际的课程权力，其根本原因在于我国目前课程资源配置的市场环境还不够完善，课程运行的基层产权不明确，计划经济时期的“专业设置”的方式依然采取高校配置课程资源的思路。根据《高等学校本科设置规定》，课程是隶属于专业开设的，其结果是专业归国家所有并成为一个单独的产出单位，造成了学校和院系的资源被各个专业分割，课程资源难以真正在全校范围和学校之间共享。此外，既然专业归国家所有，那么隶属于专业的教师和学生也都归属于国家，这使得权力主体分化不能真正地实现。

我国1998年颁布的《中华人民共和国高等教育法》规定：“高等学校依法自主设置和调整学科、专业。”高校进行招生、人才培养和学位授予等教育任务依然依据于《普通高校本科专业目录》。大学的法人地位在高等教育法中已经明确，为高校处理与其他市场主体的关系提供了产权依据，但是，大学的所有权归属一般没有明确规定，使得政府仍然以所有者身份对高校行使各项权力。

我国“按计划供给”学科专业管理模式的长期存在，使得“专业”的刚性权力性结构阻碍了高校管理体制的变革；同时，在制度实施过程中也强化了一种错误的认识，以为通过计划手段进行调控可以实现对高校办学质量的监控，构建理想的学科专业结构，避免高校办学资源的浪费。但是，我们必须看到，中央管理大大增加了决策风险，基层权力让渡使得其不需要对办学质量负实际责任，使得高等教育质量难以保障，“专业设置”的行政性也成为

提高高等教育质量的一个重要阻碍。

因此，增强高校办学的自主性，发挥高校人才培养应对劳动力市场需求变化的有效性和灵活性，是对高等教育改革提出的必然要求。高校根据市场需求调整学科专业设置的管理模式取代政府主导下的以“计划供给”为驱动的学科专业管理模式已经成为必然趋势，对此，应当建立和执行保障高校办学自主权的宏观调控机制，尽快落实《教育法》和《高等教育法》赋予高校自主办学的各项权力。我们也应该认识到，人们对高等教育资源进行分配和使用规则的改变将面临“传统”的阻力，不管这种变化是以什么样的方式进行的。关键在于，唯有明确谁是学科专业制度下的利益主体以及相互之间的关系，才能够确定各利益主体在制度变革中的损益，从而为制度设计提供依据。高校学科专业管理体制的改革已经成为一个产权制度安排的问题，这种安排不可能一蹴而就，改革历程必将是曲折的。

8.2.1.4 培养大学生良好的就业观

培养大学毕业生良好的就业观应着重从以下两个方面进行。

第一，加强对大学生的职业生涯规划教育。职业生涯规划教育应当对大学生的职业目标、职业理想、职业道德、职业定位、职业能力等进行教育和引导，让大学生尽早地规划大学生活，促进大学生全面发展，以适应未来工作的需要。在高校人才培养的过程中，职业生涯规划教育应当占有重要的地位，但是，目前很多高校片面追求初次就业率，这种简单思维直接导致了高校对大学生职业生涯规划教育的不重视，高校人才培养的工作重心停留在学生毕业择业期的指导上，而缺少全程化的职业规划教育。对此，高校应该首先树立职业生涯教育全过程的工作理念，职业生涯规划教育应当让学生在充分了解自身特点和兴趣所在的基础上对自己的职业生涯进行科学合理的定位，进而有意识地提高自己相应的素质和能力以满足这样的定位。其次，高校应当建立职业生涯教育课程体系，教学内容应当结合高校学生的特点，涵盖职业生涯规划的基础知识、理论和方法，切实帮助大学生科学地规划自己的大学生涯和职业生涯。最后，可以邀请各个职业领域的从业人员到学校同大学生进行交流访谈，让大学生了解从事该职业应当具备的素质，根据自己的特点有针对性地学习，培养自己的综合素质，加强就业能力，以便为进入工作岗位打下基础。

第二，加强对大学生的职业心理健康教育。在新的形势下，面对日益严峻的就业压力，大学生的恐慌心理也很严重，有些大学生消极对待，在提升自身素质和寻找工作上不积极。在求职的过程中，很多大学生有患得患失的心理，导致过度焦虑和紧张，影响了水平的发挥。因此，应当积极开展职业心理健康教育，帮助大学生克服就业中的困难和焦虑，增加成功就业的机会。大学生的心理特点和在求职过程中遇到的困难是具有共性的，因此，开展团体职业心理咨询应该关注普遍问题。比如，针对一些大学生不能正确面对挫折和挑战等情况，开展主题为“以积极乐观的心态面对就业挑战”的团体心理辅导，使大学生振作精神，面对挫折。此外，还应该根据学生个体差异开展个体心理辅导。例如，在指导大学生就业的过程中，有个别大学生存在就业焦虑，在寻找工作的过程中经常心烦意乱，这时，需要教授他们应对各种工作单位和工作岗位的技巧和本领；有些大学生择业的时候不愿意到边远地区和基层就业，而大城市和大企业的竞争又过于激烈，导致他们迟迟不能就业，针对这样的大学生，应当积极引导他们积累基层的工作经验，经受挑战和历练，提升自己的能力，接受社会的检验。

8.2.2 劳动力市场需求层面

8.2.2.1 进一步深化产业结构的调整和升级

深化产业结构的调整和升级，为大学生就业提供新的需求增长点，大体有两方面内容。一方面，要加大力度推进企业的技术进步。具体而言，要对我国的传统制造业进行帮扶和引导，鼓励那些有一定生产规模的企业形成技术研发和创新机构，使企业从产业链的低端逐步向高端发展，即从加工制造环节逐步向研发、运营等高端环节发展和延伸，进而实现企业带动行业，行业带动产业，形成技术创新的氛围，最终实现产业结构的优化升级。与此同时，要推进第一产业的技术进步，推动农业规模化、现代化经营，把现代科技引入农业生产领域，从而进一步加强实体经济部门对以大学生为代表的高素质劳动力的需求。另一方面，要加大力度促进第三产业特别是知识密集型现代服务业的发展，这些行业对劳动力受教育程度的要求较高，就业弹性较大，对大学生就业具有巨大的吸纳潜力，比如计算机软件、金融业、科研教育、信息咨询等行业。此外，要加快实现产业之间的关联和融合，形成制造业和服务业相互带动的发展格局，进一步加强产业的专业化分工，为大学生创造新的就业岗位。

8.2.2.2 加大对知识密集型的现代服务业的投资力度

应当改变目前的“高经济增长、低就业增长”的发展模式，以调整投资结构为出发点，加大对知识密集型现代服务业的投资力度，促使这些产业和行业产生更多的适合高素质人群特别是大学生的高端岗位，进一步发挥对大学生劳动力的吸纳作用。对于科学研究、技术咨询、文化等就业弹性较大但是规模较小的知识密集型行业，政府应当对其加大投资力度，加速其扩张与发展。而对于就业弹性小的行业，则应适当减少对其基础设施等的投入。在经费的使用政策上，应当实行效率优先，把提高国民经济的运行效率作为根本出发点。应当注重对研究人员人工费用的投入，促进社会分工的发展。应当更正过去重物轻人的观念，制定相关的政策，鼓励大学生参与科研，这样一方面能够增加就业岗位，另一方面也提升了大学生的科研水平和实际工作能力。

8.2.2.3 降低部分知识密集型行业和部门的准入门槛

在我国，有相当多的行业和部门对高素质人才需求较大，对大学生的就业弹性较大，如交通运输、邮电通信、文化、教育、体育、广播电视电影等行业。但是，这些行业多为垄断行业，准入门槛较高，使得自身行业的发展明显滞后于经济社会发展需求，创新动力不足、压力不够、竞争不够充分，同时也限制了对高素质人才特别是大学生的需求。所以，政府应当减少人为的限制因素，放宽对这些行业和部门的政策限制，打破进入壁垒，为高素质人才特别是大学生提供更多的就业岗位。

8.2.2.4 加大力度促进我国民营中小企业的发展

在国外，中小企业在各类企业中占有绝对的数量比重，在有些国家，这一比重甚至占到了99%以上，这些企业中不乏大量就业弹性系数大、知识密集度高的第三产业的企业，它们吸收了劳动力市场上绝大部分的劳动力就业。在中小企业和民营企业的技术营销管理人员、研发人员中，大学毕业生则占有相当大的比重。而在我国，各方面的因素造成了中小企业的发展受到限制，主要原因在于我国政府对国企和外企的重视程度远远大于民营中小企业，使得民营中小企业经受了经济环境以及宏观经济政策等诸多方面的限制，进而阻碍了其对劳动力特别是对大学生的吸纳能力。为改变这一现状，政府应给予民营中小企业足够的重视，出台扶持民营中小企业发展的财政政策、金融信贷等政策。同时，应当努力为中小企业提供公平竞争的外部环境，采取优惠政策，减小宏观调控对于中小企业的冲击，保证其健康稳定地运行发展，为我国大学生提供源源不断的岗位需求。

8.2.2.5 进一步强化高等教育人才培养的市场需求信号

高校在设置学科专业和制订人才培养计划的时候，应当有较为明确的市场需求导向，在这个过程中，市场需求信号如果不明确，高校的一系列关于人才培养的举措都将是缺乏效率的。我国目前的情况是，政府部门和行业对人才需求的规划不够，对于究竟需要什么规格的人才，用人单位和劳动力市场没有清晰地表达出来，工作的现实情况同职业资格标准与认证之间严重脱节。所以，我们必须在这些方面加强工作，积极借鉴国外的经验。美国十分重视职业分析，劳工部和各个行业组织对于各种职业所需的员工标准、任职资格、执业需求、具体工作岗位的信息（包括工作岗位所需要的知识、能力、技能，以及需要操作的工具、设备等）都有十分详尽的描述，这些信息通过职业信息网络（ONET）向社会发布，这一举措对劳动力市场的健康发展起到了非常重要的作用。对此，我国各级政府、行业组织、企事业单位应当联同协作，制定出层次分明、科学合理的职业认证体系，通过市场机制传递给作为人才供给方的高校，使得人才需求信号不断地明确，高校的人才培养能够更加适应经济社会发展的需要。

总之，高校人才培养和劳动力市场需求的对接问题，我们需要秉持客观、正确的观念，认识到对接矛盾的存在有其必然性，但是，对于一些制度性原因形成的对接矛盾，政府仍然需要加大力度加以缓解直至最终解决。

附录　高等教育同职业匹配问题调查问卷

您好！

这是一份学术研究性调查表，主要目的在于了解高校毕业生就业后的工作状况。本调查不记姓名，答案没有对错之分，您的答案仅作学术研究之用，绝不会对他人公开，请按您的实际情况填写。谢谢您在百忙之中的鼎力支持与合作，谨在此表示衷心的感谢！

首都经济贸易大学劳动经济学院

2013 年 11 月

填写说明：1. 请在相应选项下划勾或涂红。

2. 如没有说明，均为单选。

1. 您的性别：

A. 男　　B. 女

2. 您的最后学历：

A. 专科及以下　　B. 本科

C. 硕士研究生　　D. 博士研究生

3. 您获得最后学历的时间：

A. 1999 年以前（含）　　B. 2000—2008 年（含）

C. 2009 年　　D. 2010 年

E. 2011 年　　F. 2012 年

G. 2013 年

4. 您的工龄：

A. 1 年以下（含）　　B. 2 ~ 3 年

C. 4 ~ 5 年　　D. 6 ~ 10 年

E. 10 年以上

5. 您最后学历的专业属于：

A. 哲学　　B. 经济学　　C. 法学　　D. 教育学

E. 文学　　F. 历史学　　G. 理学　　H. 工学

I. 农学　　J. 医学　　K. 管理学　　L. 军事学

6. 您获得最后学历的高校属于：

A. 北大、清华　　B. 其他 985 和 211 高校

C. 非 985 和 211 的省属重点高校　　D. 一般高校

E. 民办高校

7. 您目前所在单位的行业：

A. 农、林、牧、渔业　　B. 采矿业

C. 制造业　　D. 住宿和餐饮业

E. 金融业　　F. 房地产业

G. 租赁和商业服务业　　H. 信息传输、计算机服务和软件业

I. 科学研究、技术服务和地质勘探业　　J. 卫生、社会保障和社会福利业

K. 教育　　L. 文化、体育和娱乐业

M. 水利、环境和公共设施管理业　　N. 国际组织

O. 交通运输、仓储和邮政业　　P. 电力、燃气及水的生产和供应业

Q. 建筑业　　R. 批发和零售业

S. 公共管理和社会组织

8. 您目前的职业属于：

A. 单位负责人　　B. 专业技术人员

C. 办事人员和有关人员　　D. 商业、服务业人员

E. 农、林、牧、渔、水利业生产人员　　F. 生产运输设备操作人员及有关人员

G. 其他

9. 您目前所在单位的性质：

A. 政府机关组织　　B. 事业单位

C. 国有企业　　D. 港澳台资等外资企业

E. 民营企业　　F. 协会组织

G. 其他

10. 您目前所在岗位的类别：

A. 高层管理岗　　B. 中层管理岗

C. 基层管理岗　　D. 一般员工

E. 高级专业技术岗　　F. 中级专业技术岗

G. 初级专业技术岗

11. 您从毕业以后更换工作岗位的次数？

A. 5 次（含）以上　　B. 3 次（含）至 4 次

C. 1 次（含）至 2 次　　D. 0 次

12. 您的工作所在地与出生地在同一地区吗？

A. 是　　B. 否

13. 您在上大学期间向银行或亲朋好友借过学费吗？

A. 有　　B. 没有

14. 您父母的收入水平处于：

A. 高等收入阶层　　B. 中等收入阶层

C. 低等收入阶层

15. 您来自：

A. 农村　　B. 大城市

C. 中小城市　　D. 小城镇

16. 您觉得您现在的工作跟您的就业期望匹配吗？

A. 匹配　　B. 不匹配

C. 说不好

如果不匹配，请问是：

A. 就业期望高于现实工作　　B. 现实工作高于就业期望

17. 您觉得您的收入跟您的教育投资成本相比较？

A. 收入高于投资的成本　　B. 收入低于投资的成本

C. 二者基本差不多　　D. 说不好

18. 您觉得您目前的收入跟获得相同学历的人相比？

A. 较低　　B. 差不多

C. 较高　　D. 说不好

19. 与相同学历、不同行业的人相比，您觉得自己的收入如何？

A. 较低　　B. 差不多

C. 较高　　D. 说不好

20. 您觉得您现在的工作跟您最后学历的匹配程度：

A. 匹配　　B. 不匹配　　C. 说不好

如果不匹配，请问是：

A. 所获学历高于工作要求　　B. 所获学历低于工作要求

21. 您现在的工作跟您的专业对口吗？

A. 对口　　B. 不对口

22. 您觉得您的工作所需与您在学校学习的“知识”匹配吗？

A. 工作所需高于学校获取的知识

B. 工作所需低于学校获取的知识

C. 二者匹配

23. 您觉得您的工作所需与您在学校学习的“技能”匹配吗？

A. 工作所需高于学校学习的技能

B. 工作所需低于学校学习的技能

C. 二者匹配

24. 您觉得您的工作所需与您在学校所获得的“能力”匹配吗？

A. 工作所需高于在学校获得的能力

B. 工作所需低于在学校获得的能力

C. 二者匹配

25. 在工作中，您是否觉得男性比女性更容易得到提升和锻炼的机会？

A. 是　　B. 机会均等　　C. 不是

26. 您是否因为家庭、婚姻或配偶而选择就业地点或工作单位？

A. 是　　B. 否

27. 在寻求工作中，父母的职业是否对您有影响？

A. 有　　B. 没有

28. 您认为在大学期间学习的课程是否对您从事的工作有帮助？

A. 小　　B. 一般　　C. 大

29. 您认为在大学期间所获得的相关等级证书是否对您就业有帮助？

A. 小　　B. 一般　　C. 大

30. 在找寻工作中，您是否因预期待遇与实际待遇不符而放弃就业机会？

A. 有　　B. 没有

参考文献

［1］姚裕群．我国大学生就业难问题演变与近期发展趋势［J］．人口学刊，2008（1）：10－14.

［2］张车伟．解决大学生就业难需建立长效机制［J］．中国经贸导刊，2009（5）：6－7.

［3］童玉芬，齐晓娟．北京市劳动力供给量变动及影响因素的实证研究［J］．北京社会科学，2008（2）：70－75.

［4］杨河清，肖鹏燕．我国大学毕业生就业市场的总量与结构失衡［J］．中国人才，2009（11）：49－52.

［5］赖德胜．劳动力市场分割与大学毕业生失业［J］．北京师范大学学报（人文社会科学版），2001（4）：69－76.

［6］赖德胜，吉利．大学生择业取向的制度分析［J］．宏观经济研究，2003（7）：34－38.

［7］赖德胜，吴春芳，潘旭华．论中国劳动力需求结构的失衡与复衡［J］．山东社会科学，2011（3）：79－83.

［8］赖德胜．大学生就业难在何处［J］．求是，2013（20）：52－54.

［9］岳昌君，丁小浩．影响高校毕业生就业的因素分析［J］．国家教育行政学院学报，2004（2）：32－36.

［10］岳昌君，丁小浩．受高等教育者就业的经济学分析［J］．高等教育研究，2003（6）：21－27.

［11］谢维和．对口与适应：高校人才培养与劳动力市场关系的两种模式［J］．北京大学教育评论，2004（4）：9－11.

［12］蔡昉．破除大学毕业生就业难的误读［J］．行政管理改革，2013（10）：13－17.

［13］曾湘泉．大学生就业难的症结在哪里［J］．新西部（上），2009（3）：32.

［14］丁大建，李琪．大学生就业知多少：来自北京的招聘需求信心指数调查［J］．中国统计，2010（3）：52－53.

[15] 曾湘泉．变革中的就业环境与中国大学生就业［J］．经济研究，2004（6）：15－17.

[16] 纪宝成．中国大学学科专业设置研究［M］．北京：中国人民大学出版社，2006：93.

[17] 李石．浅谈中国大学生的德育教育［J］．中国校外教育，2013（1）：1.

[18] 吴晨映．我国大学生结构性失业的根源及对策探讨［J］．中国青年政治学院学报，2011（1）：32－35.

[19] 李梦花，聂思玥．国内外结构性失业研究文献述评［J］．当代经济，2011（1）：152－155.

[20] 王保义．宏观经济政策视角下的大学生就业难问题研究［J］．教育探索，2010（10）：131－134.

[21] 黄敬宝．劳动力市场不完善与大学毕业生失业［J］．改革与战略，2007（1）：146－149.

[22] 程浩萍．关于我国大学生就业难问题的思考［J］．中国党政干部论坛，2010（8）：60－61.

[23] 章小梅．从“知识失业”现象思考高等教育发展问题［J］．学位与研究生教育，2005（4）：46－49.

[24] 张宏军．大学毕业生结构性失业的成因及其治理［J］．黑龙江高教研究，2010（2）：110－113.

[25] 王新，冯玉双．大学生就业难的症结分析［J］．人口学刊，2010（3）：54－60.

[26] 张云超．大学生就业研究综述［J］．山东省农业管理干部学院学报，2011（5）：87－88.

[27] 张婉娟．浅谈大学生就业难及其对策［J］．科教文汇上旬刊，2011（9）：188－189.

[28] 任珊．对大学生就业难问题的几点思考［J］．中小企业管理与科技上旬刊，2011（7）：189－190.

[29] 孙海，林玲．大学生就业意愿与就业结果的实证研究［J］．新课程教育学术，2011（6）：72－73.

[30] 王海龙．大学生就业难问题的探讨［J］．中国外资，2011（8）：257.

[31] 方红舟．大学生就业难问题研究［J］．赤峰学院学报（自然科学版），2011（1）：230－232.

[32] 杨科正．高等教育大众化与大学生就业困难［J］．理工高教研究，2004（1）：85－86.

[33] 何飞龙．大学生就业难的原因及对策研究［J］．教育与职业，2011（3）：86－87.

[34] 陈军，路海峰．大学生“零工资”就业现象的法律思考［J］．现代教育科学，2010（5）：15－18.

[35] 罗瑞锋．关于就业能力的概念及大学生就业能力的思考［J］．出国与就业，2010（8）：28－29.

[36] 潭丹．我国“啃老族”现象的成因和对策分析［J］．企业家（天地理论版），2010（3）：156－157.

[37] 李艳，宋娟．浅析和谐社会构建中的大学生就业问题［J］．江西科技师范学院学报，2009（3）：65－67.

[38] 王树岩．大学生就业难的自身原因及应对措施［J］．中国青年研究，2009（6）：179－180.

[39] 孙海，林玲．大学生就业意愿与就业结果的实证研究［J］．新课程教育学术，2011（6）：72－73.

[40] 翟绪军，李玉明．关于大学生就业实战能力的调查与分析［J］．教书育人：高教论坛，2013（11）：28－29.

[41] 林佩云，吴惠灵，陈宇栋．大学生创业能力综合评价研究［J］．教育与职业，2014（2）：95－96.

[42] 潘懋元．大众化阶段的精英教育［J］．高等教育研究，2003（6）：1－5.

[43] 林蕙青．高等学校学科专业结构调整研究［D］．厦门：厦门大学，2007.

[44] 张宝蓉．高等教育规模扩张中两岸高校专业设置与调整之比较［J］．台湾研究集刊，2008（2）：45－54.

[45] 李爱国．从中美差异探讨新时期高校专业设置与调整策略［J］．中国电力教育，2013（10）：30－31.

[46] 张棣．高等教育专业结构与经济发展的相关分析［J］．学术论坛，2002（5）：35－38.

[47] 李铮．当代大学生失业根源及解决措施探究［J］．科技信息，2009（2）：10.

[48] 刘刚．浅谈企业人才需求与高等教育的对接［J］．中国物业管理，2007（1）：44－45.

[49] 陈雪梅，卢宁. 构建本科教育与用人单位对接 [J]. 高教发展与评估，2007 (2)：112－115.

[50] 王海陆，折沂. 与企业对接培养应用型人才模式初探 [J]. 西安邮电学院学报，2007 (4)：118－121.

[51] 李文利. 社会主义市场经济和计划经济下高等教育系统运行机制的本质区别 [J]. 清华大学教育研究，2002 (1)：23－30.

[52] 占志勇. 系统论视域下高等教育运行机制之创新 [J]. 学术交流，2012 (8)：36－42.

[53] 李家才. 高等教育过度化的根源与警示 [J]. 开放教育研究，2001 (1)：10－12.

[54] 王玉才. 大学毕业生面向基层就业的现状与对策 [J]. 教育与职业，2014 (2)：97－98.

[55] 王晓静. 高校就业指导课运用行动导向法的实践探索 [J]. 教育与职业，2014 (2)：153－154.

[56] 光林，阮丽娜. 大学生社会实践的基本功能及模式探析 [J]. 教育与职业，2014 (2)：167－168.

[67] 杨伟国. 大学生就业选择与政策激励 [J]. 中国高教研究，2004 (10)：83－85.

[58] 黄敬宝. 就业能力与大学生就业：人力资本理论的视角 [M]. 北京：经济管理出版社，2008：110－111.

[59] 享利·莱文. 高科技、效益、筹资与改革 [M]. 北京：人民日报出版社，1995.

[60] 教育大辞典编纂委员会. 教育大辞典：第3卷 [M]. 上海：上海教育出版社，1991.

[61] 廖泉文. 我国劳动力市场的理论与实践 [M]. 济南：山东人民出版社，2000.

[62] 罗竹风. 汉语大词典：第二卷 [M]. 上海：汉语大词典出版社，1988.

[63] 亚当·斯密. 国民财富的性质和原因的研究 [M]. 北京：商务印书馆，1972.

[64] 马歇尔. 经济学原理 [M]. 北京：商务印书馆，1981.

[65] 张德远. 西方劳动经济学 [M]. 上海：上海财经大学出版社，1999.

[66] 杨河清. 劳动经济学 [M]. 北京：中国人民大学出版社，2009.

[67] 袁乐平．失业经济学［M］．北京：经济科学出版社，2003.

[68] 卡诺依．教育经济学国际百科全书［M］．北京：高等教育出版社，2000.

[69] 曲恒昌，曾晓东．西方教育经济学研究［M］．北京：北京师范大学出版社，2000.

[70] 刘雪梅．教育过度及其对策［J］．大连教育学院学报，2000（3）：37－39.

[71] 白韶红．过度教育及其对经济增长的影响分析［J］．重庆社会科学，2006（9）：14－18.

[72] 武向荣．教育扩展中的过度教育现象及其收入效应：基于中国现状的经验研究［J］．北京师范大学学报（社会科学版），2007（3）：132－136.

[73] 大学生就业难问题研究报告［J］．洛阳工学院学报，2000（2）：38－45.

[74] 马永霞．冲突与整合：高等教育供求主体利益分析［M］．北京：高等教育出版社，2006.

[75] 李和凤．大学毕业生择业价值观的现状及比较分析［J］．太原理工大学学报（社会科学版），2009（3）：71－74.

[76] 尤西林．大学人文精神的信仰渊源［J］．高等教育研究，2002（2）：1－5.

[77] 卡尔·马克思，弗里德里希·恩格斯．马克思恩格斯全集：第7卷［M］．北京：人民出版社，1963.

[78] 道森．宗教与西方文化的兴起［M］．成都：四川人民出版社，1989.

[79] 安长春．基督教笼罩下的西欧［M］．北京：中央编译出版社，1995.

[80] 郭为藩．转变中的大学：传统、议题与前景［M］．北京：北京大学出版社，2006.

[81] 刘海峰，史静寰．高等教育史［M］．北京：高等教育出版社，2010.

[82] 国家教育委员会政策研究室．教育体制改革文献选编［M］．北京：教育科学出版社，1985.

[83] 中华人民共和国教育部．面向21世纪教育振兴行动计划学习参考资料［M］．北京：北京师范大学出版社，1999.

[84] 瞿振元，谢维和．2000—2002年中国高等学校毕业生就业形势的分

析与预测［M］．北京：北京师范大学出版社，2010：8.

［85］胡学勤．劳动经济学［M］．北京：高等教育出版社，2007.

［86］刘茂松，刘果．结构型教育过度与高校毕业生就业难［J］．湖南商学院学报，2004（2）：1－5.

［87］王生洪．高等教育为地方经济服务［M］．上海：同济大学出版社，1997：141.

［88］周贝隆．对我国教育发展战略研究的思考［J］．上海高教研究，1991（1）：21－26.

［89］李全生．“适度发展高等教育”的几点思考［J］．中国高教研究，1996（1）：27－28.

［90］刘少雪．不宜盲目扩大我国高等教育的规模［J］．高等教育研究，1998（1）：13－16.

［91］何作庥，兰士斌．高等教育是适度发展还是大力发展［J］．上海高教研究，1998（7）：23－25.

［92］宋振骐．知识经济时代的特征与高等教育的地位［J］．山东工业大学学报（社会科学版），1999（2）：1－4.

［93］潘懋元．中国高等教育面临的挑战：教育与社会进步中外学者研讨会上的报告［J］．辽宁高等教育研究，1995（4）：33－36.

［94］李宝莹．大学生创业障碍及其突破［J］．北京劳动保障职业学院学报，2010（4）：23－25.

［95］唐籁．关于用人单位对大学毕业生需求行为的研究报告［J］．经济问题探索，2004（11）：34－37.

［96］吴德洲．试论高校发展中的定位问题［J］．辽宁教育研究，2005（1）：20－32 .

［97］薛维忠．从大学生结构性失业角度谈高校专业设置和调整［J］．管理研究，2010（7）：16－17.

［98］詹捷慧．大学毕业生就业困境的结构性失业及对策研究［J］．广东青年干部学院学报，2010（9）：65－68.

［99］王小娜，王怡尧，丁莉．大学生结构性失业的成因与对策探析［J］．广西师范学院学报（哲学社会科学版），2008（4）：51－54.

［100］赵永春．大学生结构性失业的思考［J］．吉林教育，2009（6）：128.

［101］项光勤．大学生结构性失业的现状、原因和对策分析［J］．徐州师范大学学报（哲学社会科学版），2009（11）：112－116.

[102] 曾晖．大学生结构性失业的原因及其对策［J］．学校党建与思想教育，2011（9）：61－63.

[103] 胡瑞文．高等教育应坚持适度超前和可持续发展［J］．中国高等教育，2004（13）：57.

[104] 王效仿．大学生就业难问题应急性对策探讨［J］．理工高教研究，2004（12）：13－15.

[105] 汪丁丁．教育、人力资本和大学生失业［J］．财经，2006（8）：110－111.

[106] 郑功成．大学生就业难于政府的政策导向［J］．中国劳动，2006（4）：10－14.

[107] 杨东平．高教的问题不仅仅在于扩招［J］．中国新闻周刊，2006（6）：85.

[108] 潘懋元，吴玫．从高等教育结构看大学生就业问题［J］．中国大学生就业，2004（6）：13－16．

[109] 陈乃林，胡凤英．应当建立一个什么样的高等教育运行机制［J］．高等教育研究，1989（1）：32－36.

[110] 杨德广．国家调控学校，学校自主办学，市场引导培养：试论建立高等教育新的运行机制［J］．江苏高教，1989（3）：25－28.

[111] 刘宇舸．高校毕业生就业难的经济学分析［J］．现代经济探讨，2003（6）：33－36.

[112] 王保义．中美大学生就业指导模式比较研究［J］．现代教育科学，2004（1）：36－39.

[113] 沈曦．大学生职业生涯设计指导的探讨［J］．浙江工商大学学报，2004（5）：3－9.

[114] 李晓波．浅析当代大学生就业难问题［J］．商业经济，2004（8）：96－97.

[115] 蒋凯．劳动力市场视角的当代美国高等教育改革［D］．北京：北京大学，2004.

[116] 胡国华，阚国常．高等教育与劳动力市场之间的互动匹配关系［J］．科技与管理，2008（5）：32－35.

[117] 黄志岭，逯岩，樊小钢．过度教育的收入效应实证研究［J］．财经论丛，2010（6）：16－22.

[118] 刘文．高等教育投资与毕业生供求研究：基于人力资本的视角［M］．北京：中国经济出版社，2006：198.

[119] 于维洋，张亚明，袁旭梅. 河北省高校专业结构与产业结构之间的关系 [J]. 河北科技师范学院学报，2004 (1)：72 -73.

[120] 矢野真和. 高等教育的经济分析与政策 [M]. 北京：北京大学出版社，2006.

[121] 王静波，王翡翡. 雇主视角下大学生就业能力状况探析 [J]. 现代大学教育，2011 (4)：87 -91.

[122] 金宏伟，李常香，杜才平. 论大学生就业能力的结构及与社会需求的差异 [J]. 黑龙江高教研究，2013 (4)：98 -100.

[123] 周斌，海路，方姝. 构建大学生就业指导课程体系 [J]. 西安建筑科技大学学报，2012 (6)：97 -99.

[124] 周素琴. 大学生职业价值观教育的必要性与途径 [J]. 教育评论，2013 (4)：78 -80.

[125] 王树田，赵欢春. 高等教育大众化视阈下大学生职业价值观的调适 [J]. 党建与思想教育，2011 (6)：1 -3.

[126] 马廷奇. 人才培养模式、劳动力市场与大学生就业 [J]. 高等教育研究，2013 (3)：34 -37.

[127] 闵维方，蒋承. 产业与人力资源结构双调整背景下的大学生就业：一个历史和比较的视角 [J]. 北京大学教育评论，2012 (1)：2 -12.

[128] 李宁. 大学生结构性失业的六种形式 [J]. 管理工程师，2013 (5)：42 -44.

[129] 孙之光. 浅析我国大学生就业现状及解决措施 [J]. 长春理工大学学报，2012 (12)：123 -124.

[130] 莫荣. 2003—2004 年中国就业报告 [M]. 北京：中国劳动社会保障出版社，2004.

[131] 王霆，曾湘泉. 高校毕业生结构性失业原因及对策研究 [J]. 教育与经济，2009 (1)：1 -4.

[132] CLARK C R. A study of graduate employment [J]. British journal of education studies，1973 (4)：156 -171.

[133] ALBRECTH J W，AXELL B. An equilibrium model of search employment [J]. Journal of political economy，1984 (92)：824 -840.

[134] ALBRECHT J W，VROMAN S B. Dual labor market，efficiency wages，and search [J]. Journal of labor economics，1992 (10)：438 -461.

[135] ALBA -RAMIREZ A. Mismatch in the Spanish labour market：over -education [J]. Journal of human resources，1993 (28)：259 -278.

[136] CHEVALIER A, LINDLEY J. Over – education and the skills of UK graduates [M] . London: Centre for the Economies of Education London School of Economics, 2007.

[137] MAGINN A, DENCH S. Labour market information for higher education institutions: a guide [J] . The institute for employment studies, 2000 (1): 80.

[138] BEE M, DOLTON P. Patterns of change in U. K. graduate unemployment: 1962—1987 [J] . Higher education, 1990 (7): 25 –45.

[139] WOLFE B, HAVEMAN R. Accounting for the social and non – market benefits of education [J] . Centre for the economies of education, 2006 (9): 1 –72.

[140] BOUDARBAT B, CHERNOFF V. Education – job match among recent Canadian university graduates [J] . Economics letters, 2012 (18) .

[141] COLEMAN J S. Social capital in the creation of human capital [J] . American journal of sociology, 1988 (1): 95 –120.

[142] DOLTON P, VIGNOLES A. The incidence and effects of over – education in the U. K. graduate labour market [J] . Economics of education review, 2000 (19): 179 –198.

[143] DALY M C, BUCHEL F, DUNCAN G J. Premiums and penalties for surplus and deficit education: evidence from the United States and Germany [J] . Economics of education review, 2000 (19): 169 –178.

[144] VERHAEST D, OMEY E. The determinants of overmedication: different measures, different outcomes [R] . Belgium: Ghent University, 2009.

[145] TAVOLETTI E. Matching higher education and labour market in the knowledge economy: the much needed reform of university governance in Italy [J] . Macerate university working paper, 2010 (27): 1 –40.

[146] SAAR E, UNT M, KOGAN I. Transition from educational system to labour market in the European Union: a comparison between new and old members [J] . International journal of comparative sociology, 2008 (1): 31 –59.

[147] MINAS E C, SAURINA C, VILLAR E. The match between university education and graduate labour market outcomes (education – job match): an analysis of three graduate cohorts in Catalonia [J] . AQU catalunya, 2010 (2): 136 –142.

[148] KEEP E, MAYHEW K. The economic and distributional implications of current policies on higher education [J] . Oxford review of economic policy, 2004

(2): 294 – 314.

[149] GREEN F, ZHU Y. Over qualification, job dissatisfaction and increasing dispersion in the returns to graduate education [J] . Oxford economic papers advance access, 2010 (10): 1 – 24.

[150] CORVERS F, HEIJKE H. Forecasting the labour market by occupation and education: some key issues [J] . Roa working paper, 2004 (4): 1 – 22.

[151] FREEMAN R B. The effect of demographic factors on age – earing profiles [J] . Journal of human resources, 1979, 14 (3): 289 – 318.

[152] GALLIE D, FELSTEAD A, GRREEN F. Skill, task discretion and new technology: research on skill trends in Britain 1986—2011 [J] . L'annee sociologique, 2003 (2): 401 – 430.

[153] MASON G, WILLIAMS G, CRANMER S. Employability skills initiatives in higher education: what effects do they have on graduate labour market outcomes? [J] . National institute of economic and social research, 2006 (9): 1 – 36.

[154] LIVANOS L. Modelling the incidence of unemployment: the case of Greece [J] . Applied economies letters, 2009 (16): 1607 – 1611.

[155] HARTOG J. Over – education and earnings: where are we, where should we go? [J] . Economics of education review, 2000, 19 (2) .

[156] DOMINITZ J, MANSKI C F. Eliciting student expectations of the return to schooling [J] . Journal of human resources, 1996 (31): 1 – 26.

[157] HOLMAN L. Future fit preparing graduates for the world of work [J] . Education + Training, 2010, 52 (4) .

[158] ARTHUR L. Higher education and the area of work: issues, challenges and responses in Norway and Germany [J] . Research in comparative and international education, 2006 (3): 1 – 17.

[159] LIVANOS I. The incidence of long – term unemployment: evidence from Greece [J] . Applied economic letters, 2007 (14): 405 – 408.

[160] KAROLY L A. The role of education in preparing graduates for the labor market in the GCC countries [J] . Labor and population, 2010 (13): 1 – 54.

[161] JACOB M, WEISS F. From higher education to work patterns of labor market entry in Germany and the US [J] . MZES, 2008 (3): 1 – 30.

[162] BRANINE M. Graduate recruitment and selection in the UK: a study of the recent changes in methods and expectations [J] . Emerald, 2008 (13):

497 -513.

[163] YUNG M. Different interpretations of the relationship between higher education and the labour market and predictions of the effects of higher education expansion in Hong Kong [J] . The Chinese university of Hong Kong faculty of education, 1991 (19): 93 -94.

[164] BENNETT N, DUNNE E, CARRE C. Patterns of core and generic skill provision in higher education [J] . Higher education, 1999 (1): 71 -93.

[165] AMA N O. Transition from higher education to employment: a ease study of graduates of faulty of Social Sciences University of Botswana [J] . Educational research and review, 2008 (3): 262 -274.

[166] WILTON N. Higher education, the "knowledge economy" and "knowledge workers": does current education policy make sense? [J] . CESR review,2008 (4): 1 -6.

[167] GLYTSOS N P. Anticipated graduate job mismatches and higher education capacity inadequacies in Greece [J] . Higher education, 1990 (4): 397 -418.

[168] KLER P. A panel data investigation into over - education among tertiary educated Australian immigrants [J] . Journal of economic studies, 2007 (34): 179 -193.

[169] FREEMAN R B. The overeducated American [M] . Pittsburgh: Academic Press, 1976: 186 -187.

[170] PLUGOR R. Transition from higher education to the world of work [J] . Educational research and review, 2009 (8): 1 -52.

[171] MCGUINESS S, DOYLE J . Over education and the graduate labour market: a quintile regression approach [J] . Economic research institute of northern Ireland, 2004 (10): 1 -23.

[172] GROENEVELD S, HARTOG J. Over - education, wages and promotions within the firm [J] . IZA discussion paper, 2003 (883): 1 -23.

[173] MORGAN S L, MORGAN W R. Educational pathways into the evolving labour market of West Africa [J] . Research in sociology of education, 2004 (14): 225 -245.

[174] TSANG M C. The impact of underutilization of education on productivity:a case study of the U. S. [J] . Bell companies economies of education review, 1987 (6): 239 -254.

[175] TEICHLER U. Comparative higher education: potential sand limits [J]. Springer, 1996 (32): 431 -465.

[176] TEIEHLER U. Research on higher education and work in Europe [M]. Oxford: Blackwell publishing, 2005.

[177] TEICHLER U, KEHM B M. Towards a new understanding of the relationships between higher education and employment [J]. UNESCO, 1995 (30): 115 -132.

[178] TEICHLER U, KEHM B M. Bologna policy forum statement [J]. UNESCO, 2010 (5): 1 -2.

[179] TEIEHLER U. Research on the relationships between higher education and the world of work: past achievements, problems and new challenges [J]. Springer, 1999 (38): 169 -190.